若林亜紀

公務員の異常な世界

給料・手当・官舎・休暇

GS

幻冬舎新書

079

はじめに

現代版の貴族

私は公務員問題を専門とするジャーナリストですが、以前は、お役所で働いていました。学校を出てから三年間は、民間企業のＯＬ。しかし、不況のあおりで途方にくれていたところ、お役所の中途採用があったので転職したのです。公務員の仕事ぶりは、民間企業とはまったく異なり、毎日驚きの連続でした。

窓口担当以外の職員はけっこう遅刻が多い……。
やっぱり仕事は楽……。
忙しい部署もあるけれど、実働一日一〇分ぐらいの部署も多い……。
表向きは採用試験があるけれど、コネで入れるルートがある……。
旅行は許可制で勝手に行ってはいけない……。

制服組には、靴や下着まで支給される……。

プールやウォシュレットつきの官舎がある……。

給料は民間並み、手当や退職金が多い……。

有給休暇は年二〇日、育児休業は三年、とにかく休みが多い……。

公務員は「遅れず休まず働かず」と揶揄されることがありますが、人によっては、本当にほとんど働かずに給料をもらっているので、公務員は仕事というよりも身分、それも貴族のような最高身分だと感じました。世襲制でなく、試験を受ければ誰もがなれる、一代限りの貴族です。

意外な規制があり、世間の目が厳しいのも身分ゆえの辛さです。幹部と一般職員、アルバイトという組織内の身分差も大きいです。

私が勤めたのは、労働問題の研究所でした。しかし、私には、お役所の労働問題そのものが一番おもしろいと思えました。それで、一〇年勤めてじっと観察した後、思いきって職を辞し、ジャーナリストとなって公務員の生態を紹介しています。

もちろん、公務員は、成績もよく志の高い人も多いです。けれども、身分が安定していて、ライバル企業もなく、お手盛りで待遇の向上を図れるため、どうしても楽なほうに流れます。結果として世間の常識を超えた世界ができあがり、こういった非効率の積み重ねが、国と地方を合わせ借金が一〇〇〇兆円を超えるという先進国中最悪の財政赤字を招いてしまいました。

今、政府は、財政再建と年金制度維持のため、消費税のアップを目論んでいます。けれども、増税など必要ありません。お役所のムダと非効率をなくすだけで、年金は安心、財政は黒字にできるのです。

また、公務員は今や強い力をもっています。

渡辺喜美行革担当大臣は言います。

「日本は議院内閣制のはずですが、実際は官僚内閣制といわれています。議員は、官僚の決めたことに『はいはい』と丸をつけるだけ、官僚の下請け業者のような議員もいますよ」

議員すら従わせ、今や日本の最高権力である公務員。でも、そんな権力をもちながらも、きわめて人間的、ときにばかばかしくときに愛らしい公務員の春夏秋冬をご覧ください。

公務員の異常な世界／目次

四月——入庁式

公務員の採用方法

憧れの職業ナンバー1

四月、桜の花びらが舞う街路には紺や黒のスーツを着た新入社員の姿が目立ちます。役所にも大勢のフレッシュマンが入ってきます。入庁式で辞令をもらい訓話を聞き、中庭の桜の下で記念写真を撮《と》ったりします。

毎春新たに生まれる公務員は、国家公務員で三万人、地方公務員で五万人もいます。この他に、最近はニートの再チャレンジ枠や中途採用枠もあります。

地域や国に貢献できそうなうえ、不況知らずで一生安泰とあって、昨今は公務員という職業が大人気です。「公務員は働かない、高給だ」というバッシング報道も、ますます公務員人気をあおるという皮肉な結果となっています。

今や、高校生のなりたい職業ナンバー1（〈社〉全国高等学校PTA連合会・リクルート調べ）、親が子どもにつかせたい職業ナンバー1（ランドセルメーカーの〈株〉クラレ調べ）と、就職人気ランキングの上位を総なめにしています。

先日コンビニで主婦向けの人気雑誌『ｓａｉｔａ』を立ち読みしたら、「官僚の育て方」という連載があり、公務員人気もここまできたかとくらくらしてしまいました。「現役官僚に聞いた子供の頃の食生活」などという特集が組まれています。

これだけの人気職業ですから、公務員試験も高倍率、国も地方も平均一〇倍の難関です。受験者は、遅くとも試験の一、二年前からコツコツと勉強を始め、筆記試験や面接試験を勝ち抜いてきた秀才ぞろいです。

でも、そうではない人も混じっています。裏口採用がけっこうあるからです。奈良県の消防署の事件をご紹介しましょう。

裏口採用が横行

奈良県の五つの市町村を担当する中和広域消防組合では、二〇〇五年度の採用者、二三名中なんと一九名が裏口合格でした。あろうことか、消防本部トップの消防長が自ら、応募者の親から一人につき現金五〇〇万円ほどを受け取って人事課長に試験の得点の水増しを命じていました。

受験者たちを消防長に紹介したのは複数の市議会議員でした。試験は二八六名が受けた狭き門でしたが、水増しのお陰で「消防適性」試験の得点がゼロ点でも合格したつわものもいました。

新聞報道では、「消防士になりたくて、一年以上受験勉強をやってきたのに落ちてしまった」という受験者が怒りのコメントを寄せていました。

しかし、悪事とはひょんなことでばれるものです。不正採用の新人たちは調子に乗り、採用後の態度もひどかったそうです。困り果てた先輩職員が、警察に新人の態度を相談する電話をかけ、不正発覚のきっかけになりました。

「消火活動中の指示に対して『めんどくさい』とはき捨てたり、当直勤務中に机に足を乗せ、漫画を読む新人職員……。注意すると『誰に向かって口利いてるんだ』と反抗する……」（サンケイスポーツ二〇〇五年五月三〇日）

このような電話が警察に次々に寄せられ、警察が内偵捜査を始めました。

こうして不正が発覚し、消防長と人事課長、議員二人と賄賂を渡した親のうち一人が逮捕されました。一九名の不正合格者は、全員採用取り消しです。しかし、この際も、裏口採用者たちはマスコミのインタビューを受け、

「なぜこんな仕打ちにあうのかわからない」

と涙ぐんだりして、周囲をあきれさせました。

その後消防長は懲戒免職《ちょうかいめんしょく》となり、裁判で虚偽有印文書作成等行使、加重収賄、地方公務員法違反で有罪判決を受け、懲役三年、執行猶予四年の刑が確定しました。人事課長は「上司の指示に逆らえなかったのはしかたない」とされて起訴猶予になりましたが、停職六カ月（この間無給）となったうえに降格処分を受けました。

賄賂の相場は三〇〇万円

役所に入るには議員か役人幹部のコネが効く、というのは、かねてからささやかれてきたことでした。ことに小さい市町村ほど露骨で、口利きの相場は一人につき二、三〇〇万円といわれてきました。私は三年前、渋谷でたまたま乗ったタクシーの運転手さんに、

「息子が専門学校出て就職ないんだけど、議員に頼んで町役場にいれようか迷っている」

と打ち明けられました。運転手さんは秋田からの出稼ぎだそうです。

「近所のせがれは早々に押し込んでもらった。三〇〇万円かかるけど、一回払えば一生安心、すぐに元はとれるんだがなあ」

と真剣に悩んでいるようでした。三〇〇万円という大金は、タクシー運転手の年収（全国平均）です。

それを考えると、奈良の消防署の五〇万円などは良心的なほうです。一九名も不正採用したので、薄利多売だったのでしょう。

福島県では二〇〇五年に行なわれた町役場の採用試験で賄賂《わいろ》を受け取ったとして、二〇〇六年に町長が逮捕されました。仲介したのは町議会議員でした。受験者の親二人が五〇〇万円と三〇〇万円を渡してそれぞれ自分の息子を公務員にしようと目論みました。

採用試験には一八名が応募していましたが、合格したのは彼ら賄賂組の二人だけでした。しかし、四月の採用後間もなく事件が発覚し、夏には二人とも自主退職していきました。賄賂を渡した親も逮捕されて執行猶予つきながら有罪判決を受けました。町長からお金は全額返してもらったそうです。

町長は辞職し、受託収賄の罪で懲役二年の実刑判決を受けました。しかし、「ほかの裏口採用事件ではだいたい執行猶予がつくのに、自分だけ実刑になったのはおかしい」と控訴・上告しました。こんな言い方は失礼かもしれませんが、「泥棒にも三分の道理」といったところでしょう。でも、最高裁で棄却《ききやく》されて刑が確定しました。

いろいろある公務員への道

広島県呉市でも〇五年に裏口採用が行なわれ、一般行政職の一次試験で不合格になったはずの受験者二名が不正に合格するというどんでん返しがありました。消防士の採用でも不正が見つかり、前市長、前助役、消防局長、次長、総務課長が芋《いも》づる式に逮捕され、執行猶予つきの有罪判決を受けました。裏口合格者計四名は自主退職したり、採用取り消しになりました。せっかくのどんでん返しも元の木阿弥《もくあみ》です。

公務員試験でも、民間企業の採用試験と同様、正規合格のほかに、コネや裏口採用が横行しているのです。民間企業なら、おおっぴらな男女差別や意味のない年齢差別をしなければ、採用の方法は各社の裁量で自由です。ただし、実力不足の人を多く雇えば売上げが落ちたり重大なミスが起きて倒産してしまうので、優秀な人材を確保しようとします。

役所は公金で運営されるので、「職員の採用は、競争試験によるものとする」と法律で決められています。ただし、倒産の心配がないので、そのあたりの歯止めが利かず、ばれない限り不正が止みません。それは地方公務員だけでなく、国家公務員でも同じです。

年金問題で大活躍の、ミスター年金こと衆議院議員の長妻昭氏が、〇三年に国会の予算委員会で明かしたところによると、国家公務員一般職八〇万人（当時）のうち、四六パーセントにあたる三七万人が試験なしで採用されていました。たとえば、自動車運転手は免許さえあればコネで採用、当時は国家公務員だった特定郵便局の局長は五人に一人が世襲でなれたという具合です。

長妻氏の追及に押され、当時の坂口力厚生労働大臣は、

「厚労省では、今後の募集は少なくともインターネットのホームページで告知していく」

と答えています。

島倉千代子は「人生いろいろ」と歌いました。桜の花にも染井吉野《そめいよしの》に山桜、八重《やえ》桜にしだれ桜といろいろあります。公務員にも大きな声では言えませんが、いろいろななり方があるのです。

公務員の勤務態度

民間時代との大きなギャップ

私はお役所問題を専門とするライターですが、かつては、お役所勤めの新人職員でした。ただ私は、民間の建設会社に三年勤めた後でお役所の世界に転職したので、しばらくは、民間とお役所の違いに、戸惑うばかりでした。

まず、民間時代の話をしましょう。最初に勤めた民間企業は大手の建設会社で、同期が二〇〇人もいてにぎやかでした。でも、研修を終えてそれぞれの部署に配属されるとすぐに、学生気分を吹き飛ばす厳しい日々が始まりました。

朝は八時半始まり。始業一〇分前までに制服に着替えて席につき、日経新聞を読んで待つよう言われました。始業ベルと同時にヨーイドンで仕事にかかります。試用期間が終わると残業や土日出勤もありました。同期が、

「忙しい」

と上司にこぼしても、

「あたり前だ、忙しくなければ会社はつぶれちゃうだろ」

と一蹴《いっしゅう》されました。

やがて三年たって、不況で仕事が暇になりました。四月の定期昇給がなくなり、うつうつとした雰囲気や将来に不安を感じて同期の半分以上が転職していきました。私もその一人でした。余談ですが、その後、オーナー一族の社長と会長まで転職していきました。銀行から借りたお金が返せなくなり、債権放棄をしてもらう代わりに銀行団に経営権を奪われたのです。

私が転職したのは、新聞広告で見つけた国の労働政策研究所でした。厚生労働省（旧労働省）の外郭団体です。お給料はすべて税金・公金から出ており、管理職の多くは厚労省からの出向と天下りだったので、ほとんど役所といっていい職場です。

ニセ研究員に任命される

お役所勤めは、初日からびっくりすることばかりでした。まず面食らったのは、入社そうそうニセ研究員に仕立てあげられたことです。お役所では採用時に必ず辞令書をもらうのですが、それに「研究員を命ずる」と書いてありました。

「事務職で採用されたはずですが……」

といぶかしがると、部長はこともなげに、

「あ、君の人件費は研究員ってことで国から予算をもらってるから、そう書かないとまずいんだ。仕事はごくごく普通の事務だから、心配しないでいいよ」

と言いました。なんでも、ここは研究所なので研究員が六〇名いることにしてあるけれど、本当はその半分しかいないので、事務職員を研究員と偽って届けている、ということでした。

私は言葉が出ませんでした。よく考えれば新聞沙汰になってしまうような公金詐欺です。けれども、厚生労働省から出向しているという品のよい部長が、豪華な調度品の整った部屋で堂々と悪びれもせず言うので、なんとなく納得してしまいました。

それから配属先に連れて行かれました。部長級の研究員が一人、課長級の主任研究員が二人、そして平研究員が他に二人いました。その五人のうち、なんと四人がニセ研究員だそうです。後から聞いた噂によれば、部課長たちは、長年事務の仕事をしていたけれど、出世コースから外れて、左遷されてニセ研究員にされてしまったとのことです。でも、ぜんぜん悪びれずに淡々としていました。

あいさつが終わると席につきましたが、同僚から、

「仕事はないから本でも読んでて」

と言われました。同僚は本当に雑誌を読んだりテレビを見たりしています。それが次の日も、次の週も、次の月も続きました。そもそもニセ研究員なので研究などできません。ほとんどやることがなく、ただ出勤して座っていれば給料がもらえるという極楽な日々なのでした。

さらに驚いたのは、そこまで暇でも、アルバイトの秘書が一人ひとりについたことでした。たまのコピーやワープロ打ちなどは、そのアルバイトの人たちがやってくれます。まあ、そんなゆるい職場なので、本当の研究員もあまり働いていませんでした。役所の仕事は本当にラクなのだと実感しました。

お役所にタイムカードはない

この経験から、私は、他の役所にもかなりムダがあるのではないかとにらんでいます。

政府は消費税を上げようとしていますが、増税の前に削れるお金はいくらでもあります。

しかし、おそらく、事務員を研究員と偽装して予算を詐取するというのは、普通の役所ではめったにないことだと思います。なので、次は、普通のお役所にも共通なことをお話ししていきましょう。

まず、お役所の特徴は、タイムカードがないことでした。

私は民間時代、毎朝社員通用口から入ってタイムカードを押していました。残業や休日出勤をするときは、別途残業申告書を出していました。会社にいた時間すべてに残業代がつくわけではありませんでしたが、人事部は多少のつき合わせをしていたかもしれません。

それに対して、お役所では出勤簿方式でした。入り口に出勤簿が置いてあり、毎朝職員は九時半の始業時に押印《おういん》し、一〇時になると庶務担当者が回収するのです。月末にまとめて押すことも許されていました。そのため、遅刻や欠勤ざんまいなのに、月末に出た日も出ない日もまとめて出勤印を押してしまうという輩もいました。

ただし、普通の役所ではきちんと定時出勤してくる人のほうが多いと思います。でも、これまでに繰り返し国会や地方議会で公務員へのタイムカード導入が提言されてきましたが、役所は頑として拒んでいるというのも事実です。

理由は、

「出勤簿による出勤簿管理は適正に行なわれており、勤務時間管理において特段の支障が生じていないため」（財務省広報室）

「現在、特段の支障なく行なっているため」（福島県総務部人事領域担当）

などですが、前例主義で、本音は人事管理の強化（適正化）を防ぐためでしょう。

茶室のある職場

また、役所はスペースがゆったりしていました。それもそのはず、私の配属された庁舎の面積は延べ九〇〇〇平方メートルもあり、そこで働いている職員はわずか七〇名ほどでした。一人あたり一〇〇平米以上です。

（社）日本ビルヂング協会連合会の調べによれば、オフィスワーカー一人あたりの平均床面積は一二・七四平米だそうです。国には、庁舎をつくるときの広さの目安があります。国土交通省の官庁営繕部というところがその基準をつくっており、本来、ヒラ職員なら一人一坪（三・三平米）ほどだそうです。では、私のいた役所は法律違反なのでしょうか。

そう尋ねると、国土交通省の役人は、

「これは終戦直後に決まった基準で狭すぎるし、部課長になればもっと広くとれます。休憩室を加えたり、『固有業務』と呼ばれる各省庁それぞれの業務があるのでその分のスペースは認めたりして、実行でうまくやっています」(国土交通省官庁営繕部企画課)

なるほど、実際、私のいた庁舎を探検してみると、休憩室やらの福利厚生設備が次々と出てきました。たとえば、本格的な茶室がありました。ある扉を開けてみると、部屋の中に玉砂利を敷き詰めた日本庭園があり、びっくりしました。その奥に東屋の本格的な茶室がしつらえてありました。職員がお茶の稽古に使います。

また、男女別の和室の大広間がありました。男性用の和室のほうが広く、二〇畳ほど。囲碁盤が積んであり、昼休みに職員たちが対戦します。また、押し入れには布団が積んであります。飲み会の翌日など、出勤そうそうに布団で休む職員がけっこういました。私も昼休みだけのつもりで昼寝をし、寝過ごしてしまったことが何度かありますお風呂までありました。

地下には床屋もあり、男性職員は内線電話で予約をしては、勤務時間中に堂々と散髪をしていました。庭にはテニスコートと野球場がありました。これでも東京都内の話です。食堂もありましたが、あまりおいしくありませんでした。マスターがくわえ煙草で調理しているのです。お役所仕事で「お客さんに喜んでもらおう」「おいしいメニューを工夫しよう」といったサービス精神に欠けているためでしょう。しかたがないので、毎日お弁当をつくってもっていくようになりました。

備品購入に二〇個のハンコ

そして仕事は……。

ニセ研究員とはいえ、業者からの請求書を経理課に回したり、偉い学者を接待する事務仕事が多少ありました。そのときに感じたのは、民間企業に比べて役所ではマニュアルがきっちりしているということです。これはいいことです。民間企業にいたときは、仕事はすべて口頭で引き継がれ、最初覚えるのに苦労しました。先輩に、

「前にも言ったけど」

と嫌味《いやみ》を言われたりしながら、メモをとったりトイレで泣いたりしてなんとか覚えました。

お役所仕事というのは、役職員の給与額から退職金の計算式、文書の保存年限まで、法律できっちり決められています。職員は全員八〇〇ページにも及ぶバインダー式の「法規集」を渡されます。さらに、法規集を補う五〇〇ページほどの「内規集」も配られます。

そこには、

・会議費支払基準（一人当たり）
庁外開催会食（夜）　所長主催二万円、理事主催一万五〇〇〇円、部長主催一万円、課長主催八〇〇〇円
庁内開催弁当代　所長主催三〇〇〇円、理事主催二五〇〇円、部長主催二〇〇〇円、課長主催一五〇〇円
・海外出張の際、現地の日本大使館にもっていく土産の値段　大使、公使には一万円、受入れ担当者なら三〇〇〇円以内
・海外出張協力者謝金　大使館員の自宅に招宴された場合、一名につき五〇〇〇円を払う

などと、細かい支出基準が定められています。

この「法規集」「内規集」が事実上の職務マニュアルとなり、稟議《りんぎ》書などはこれを見ながら書きます。

民間企業なら、細かい手順よりも成果（売上げ）が問われ、お役所ならば、手順さえ整

えてあれば、成果はまったく問われないという面もあるかもしれません。

そういえば、役所の稟議書に押すハンコの数はやはり多かったです。民間企業にいたときは、担当者、課長、部長、取締役の四つの印で済みました。お役所だと、その部署の同僚、課長、部長、ついでに隣の部署の同僚、課長、経理部のヒラ社員から部長まで、最後に総務部のヒラ社員から部長までと、数千円の備品を買うにも二〇人分くらいのハンコが必要でした。休んでいる人がいるとそこで稟議が止まります。

その結果、ほとんどの事業や支出が決裁が下りる前に行なわれてしまう事後決裁となっていました。そのため、業者への支払いは、相手の言い値で多めに払ってしまうことが多いのです。見積り段階でなく、納入後に値引き交渉をするのは気がひけるからです。

とにもかくにも、お役所の四月は、民間企業同様、新人が入ってきたり、異動があったり、歓迎会があったりで、落ち着かないながら過ぎていきます。

五月――ゴールデンウィーク／メーデー

公務員の休日

国内旅行は届け出制

風薫る五月。年度始めの慌《あわただ》しさも一段落した頃、待ちに待った連休がやってきます。新人公務員なら、学生時代の仲間と会ったり、同期同士で集まったりして交友を温めます。新人でなくなりお金に余裕が出てくると海外旅行に出かけます。結婚すれば子どもを連れて、あるいは夫婦で温泉旅行や散策に出るといったところでしょうか。

ところで、公務員は旅行をするとき、いちいち行き先と理由を書いて上司のハンコをもらわなければならない、ということをご存じですか。

「職員は、私事旅行等により、その住所を離れるときは、その間の連絡先等をあらかじめ上司に届け出なければならない」（東京都職員服務規程一二条）

全国の自治体に同じような決まりがあります。しかし、普通の民間企業にはこのような規則はまずありません。休日をどのように過ごすかは労働者の自由で、干渉はプライバシ

ーの侵害になります。今どき上司が異性の部下に、

「休みはどうしてんの？」

などとしつこく聞けば、セクハラになってしまいます。

しかし、役所には合理的な理由があり、この規定が生きています。東京都の人事部人事課では、

「東京都の職員として、災害等何かあったときに連絡が取れないと困るので、所在がわかるよう届け出をしてもらっています。ただし、口頭でもOKだったり、携帯電話番号を届けておけばよしとする局もあるようです。たとえ無断で旅行に出かけたのがばれても、一回ぐらいなら処分されることはないでしょう」

神奈川県の人事部人事課では、この規定を五年前になくしました。

「県では、制度上の話としては五年前に届け出制を廃止しました。けれども、旅行で県外に出るときはなるべく教えてくださいとお願いしています。まあ、東京に買い物に行くくらいなら届けなくても問題ありません」

うーん、なかなか窮屈です。たとえば、私のような独身お局女性のあいだでは、一時、縁結び祈願のための出雲大社詣《もう》でが流行りましたが、そんなのは申し出るのも気恥ずかし

いのではないでしょうか。恋人との旅行もお忍びで行くでしょう。独身男性が家族旅行に行くなどと言えば、マザコン呼ばわりされるかもしれません。それに、事前に公言したなら、お饅頭だのチョコレートだの、お土産を買って帰らないわけにもいかないでしょう。

海外旅行は承認制

国家公務員なら、国内旅行は自由ですが、海外旅行について厳しい制限があります。中央官庁各省には、次のような規則があります。

「職員が国の用務以外の目的で本邦以外の地域に渡航する場合には、あらかじめ海外渡航証人申請書を提出し、承認を受けなければならない」

地方公務員は届け出をすれば済みますが、国家公務員の海外旅行は承認を受けなければいけないのです。国家公務員の服務を統括している総務省に、なぜこんな厳しい決まりがあるのか尋ねてみました。

「狙いは服務の監督です。国家行政組織法に、『各省の長は職員の服務を統督する』とあるため、職員の動きを把握しておく必要があります。海外に出られてしまうと統制が及びにくいので、あらかじめ承認を得てもらうことにしているのです。国家機密の漏洩《ろうえい》防止と

いった狙いもあります」（総務省公務員部人事恩給課）

　そして、申請をしても承認されないことがあります。何を隠そう、私は厚生労働省の研究所で働いていた折、旅行申請を却下されました。

　私の職場は本省と違い、厳密な制限はありませんでしたが、休暇申請のときに、

「友人七人とインドにグループ旅行をしたい」

　と言ったところ、女性課長から別室に呼び出され、

「インドは不潔で危ないわよ」

　と、延々と一時間脅されました。しかし、彼女はインドに一月ほど出張していたことがあり、少し前まで、

「インドは楽しかった」

　と自慢話をしていたので訝《いぶか》しく思いました。

「できるだけ気をつけて行って参ります」

　と言って自席に戻ると、今度は先輩が忠告にやってきました。

「まだ入ったばかりなのに休暇で海外旅行に行くなんて生意気だって、部長が言ってるよ。部長は、女性課長を使ってやんわり止めろと警告してるんだ。空気読めよ」

服務の監督とか、国家機密の保持とは全然関係なく、単なる部長のひがみで承認してもらえませんでした。押し切れば押し切れたのかもしれませんが、私は仲間に謝って泣く泣く旅行メンバーから抜けました。

だから、海外旅行に行く人は、申請をせずにこっそり行っていました。海好きの先輩は、ゴールデンウィーク明けに真っ黒に日に焼けてニコニコ顔で出勤してきました。どこへ行ったのか尋ねると、

「しい」

と唇に指を当て、

「役所は妬《ねた》みが基本だから、こういうことは黙ってるに限る」

と言って教えてくれませんでした。

同僚の女性は、夫婦でこっそりバリ島に行った帰り、成田空港で新聞社のカメラマンに写真を撮られました。

「GW終盤、成田は帰国ラッシュ」

というキャプションとともに新聞の一面に笑顔の写真が大きく載りました。悪いことに、彼女は国際交流の仕事をしていたのですが、

「体が弱いので、ヨーロッパなどの先進国ならいいけれど、発展途上国には行けない」と出張先を選り好みしていたため、バリ島、つまりインドネシアという発展途上国のリゾート地に行ったことがばれると、裏でさんざん悪口を言われ、やがて転職していきました。

休日の居場所も監視される

海外旅行の承認について、一番厳しいのは防衛省（自衛隊）です。

「ゴールデンウィーク、夏季、正月の休みはどこで過ごすかを明らかにしてから休みをいただきます。基本ですね。やはり、緊急時に備えて一定割合の職員が、短時間で出勤できる範囲にいなければならないため、担当者が早くから日程表を配って調整するのです。ちなみに、訓練のため抜き打ちで緊急召集連絡を回されることもありますよ。そのときに報告通りの場所にいなかったり連絡がつかなかったりしたら、当然怒られます」（防衛省職員）

お国を守る自衛隊員のみなさま、ありがとうございます。

しかし、そんな殊勝な職員ばかりではなく、こっそり海外旅行に行く職員はいるとのことです。

「〇四年末にインド洋で大津波が起きて大惨事になったことがあるでしょう？　あのとき、現地にいる日本人の名簿が新聞に出て、そのなかに職員の名前がけっこうあって、勝手に行ったことがばれちゃったんですよ」(同)

幸い命に別状はありませんでしたが、間が悪いものです。

インド洋といえば、〇七年に鳩山邦夫法務大臣が、

「私の友だちの友だちがアルカイダ」

と発言したアルカイダの友人が潜伏しているところです。防衛機密の保全は大丈夫なのでしょうか。きっと、そんなことには無縁で、ただ、リゾートを楽しみに行ったのでしょう。

〇六年になると、海上自衛隊の中堅隊員が、内部資料を持ち出したうえで中国へ何度も無断渡航していたことがわかりました。どうやら、上海のバーのホステスが中国側のスパイとなり、隊員を籠絡《ろうらく》して機密情報を盗もうとしていたようです。

さすがに自衛隊はこの職員に懲戒処分を下し、海外渡航前申請の周知徹底を図りました。

「渡航先にあっても隊員としての厳正な綱紀の保持がなされるよう指導徹底を期されたい」(〇六年八月防衛省人事通達)

さらに、〇七年には守屋武昌前防衛次官が業者から毎週のようにゴルフ旅行接待を受け、便宜を図っていたことが発覚しました。石破茂防衛大臣は、再発を防ぐため、

「防衛省幹部にGPS携帯をもたせて、夜間と土日もどこにいるのかを把握できるようにする」

と言い出し強行しました。軍事オタクといわれる大臣ならではの発想です。

GPSによる監視が、防衛危機管理のためでなく、国内で業者と癒着していないかのチェックのために始まったというところが、情けないというか、平和ボケでほっとするところです。国防の敵は外でなく内にあったのです。

ともあれ、公務員はその仕事の成果でなく、休日の居場所を詮索される、窮屈な職業ではあります。

公務員と労働組合

メーデーは特別休暇

五月一日はメーデーです。メーデーは、一八八六年にアメリカの労働者が八時間労働を求めて公園に集まってデモをしたのが始まりです。その後全世界に広まり、労働者のお祭りの日となりました。メーデーを祝日とする国も多いのですが、日本では勤労感謝の日があるためかなかなか休みになりません。

それでも、毎年メーデーの日には、東京の代々木公園、大阪の大阪城公園など、全国の大きな公園に数万人ずつが集まり、組合の偉い方の話を聞いたりパレードをしたりしています。参加者の多くは、労働組合の役員や、お祭り気分で駆り出された若手職員たちです。

みなさんの職場に労働組合はありますか。

今、日本の勤労者のうち、労働組合に入っている人はわずか一八パーセントです。一九六〇～七〇年代は三〇パーセント以上で、いろいろな企業でストや労働争議が起こりました。しかし、その後加入率は減るばかりです。理由は、新しくできた会社になかなか労働組合ができないことと、派遣労働者のように会社の労働組合に入れない人が増えたためだそうです。また、正社員でも「組合費を払うのが惜しい」というドライな人が増えています。

しかし、お役所において、労働組合はまだまだ強い力をもっています。公務員にとって、怖くて逆らえない、抜けられない、下手すれば上司より怖い存在です。お役所の労組には、民間の労組とは段違いの力があるのです。

なぜなら、公務員労組は首長や議員の選挙の際、組織一丸となって票と金で候補者を応援するので、首長や議員も頭が上がらないからです。また、民間企業に比べ労組専従職員の割合が高く、就業時間中の組合大会開催なども認められるため、勧誘や行革反対闘争なども強力です。

なかでも最強の二つの労働組合の話をご紹介しましょう。北海道庁と社会保険庁の労働組合です。

まずは、北海道庁から。キーワードは「九七人」です。

ケタ違いに多い専従職員

財政難にあえぐ北海道庁。夕張市のようにいつ破綻してもおかしくないほど借金まみれです。けれども、そんな道庁に行ってみると、仕事をしないで労働組合活動に専念している職員がたくさんいます。知事の高橋はるみ氏も公認しています。その数は、なんと九七名（〇七年一〇月現在）。この人たちは、在籍専従職員といって、公務員の身分のまま休職してもっぱら賃上げや手当の要求とか、行革反対とか、勤務条件の向上に励んでいる職員です。

民間企業でも従業員の多い大企業なら、労働組合の事務所があり専従職員がいます。けれども、その数は平均で一組合につき二・七人。従業員五〇〇〇人以上の大企業だけをとってみても、四・九人です。職員が約二万名いる北海道庁の専従職員の数は、民間とはケタが違います。

北海道庁だけではありません。総務省の公務員課が調べたところによると、東京都庁で五一名、新潟県庁では四三名、兵庫県庁と福岡県庁で四七名、大阪市役所には五八名の在籍専従職員がいるそうです。

組合辞めるとリストラ

さて、労働組合の専従職員が多いということは、職員にとっては諸刃《もろは》の剣《つるぎ》です。わざわざ組合の事務所に行かなくても、出先機関だの、ありとあらゆる職場に専従職員がいて、相談に乗ってくれたり、愚痴《ぐち》を聞いてガス抜きをしてくれたり、職員に目を配ってもらえます。

しかし、正直なところ、これを苦々しく感じている職員も多いのです。インターネット上に公務員が情報交換をする掲示板がいくつかあるのですが、そこには、労働組合に対する苦言がたくさん書き込まれています。

「民間で働いている人にはとても言えないような図々しい要求ばかり」

「財政がやばいのにリストラ反対、給料下げるなとか言っている時点で終わってる」

「反戦平和とか、反原発とか政治活動に動員される」

「組合を辞めたいが辞めさせてくれない。『辞めれば真っ先にリストラされる』と脅してきたり、個室に軟禁されて数人がかりで説得される」

話を聞こうと思い金曜日の午前中に北海道庁の労働組合本部に電話をかけたところ、「今は札幌支部の職員定期総会中で、みな出払っています。私はただの電話番です」

と言われました。労働組合の大会や支部総会は、民間企業では夕方就業時間が終わってから行ないますが、北海道庁では就業時間中に行なうそうです。

後日改めてお電話したところ、

「平和の重要性を訴え、政治闘争を呼びかけていますが動員を押しつけてはいません。組合員が辞めようとすれば役員が数人がかりで慰留することもありますが、加入脱退は自由です。組合には人事権がないので、脱退でリストラなどありえません」（全道庁労組）

しかし、社会保険庁の労働組合では脱退すると左遷が待っています。

合理化への正論を許さない

公務員労組のなかでも最強なのは、社会保険庁の「自治労国費評議会」という名前の労働組合でした。職員の加入率は往時で九六パーセント。入らないということなど許されない、事実上の全員強制加入でした。

社会保険庁の闇を告発している、元職員の小川友久氏は、こう教えてくれます。

「社保庁では、労働組合が圧倒的に強いですよ。ものすごい力をもっていて、長官も労組を恐れているんです。社会保険事務所ごとに労組の分会があり、所長と組合の支部長は事実上同格の力をもっています。組合の活動家はクールビズなどない時代からジーンズといったラフな格好をして出勤してきて、ろくに仕事もしないで威張っていました」

そして、社会保険庁長官らに対して、合理化反対を掲げて過激な要求を突きつけ、呑ませていました。有名なものは、七九年に年金台帳を手書きからコンピュータ入力に変えるにあたって交わした覚書です。
・パソコンのキータッチは一日五〇〇〇タッチ以内
・四五分作業したら一五分の休憩
・年金加入者の個人情報に職員がアクセスしても、記録が残らないようにする
解説しますと、A4のワープロ用紙に打てる文字は一五〇〇字くらいです。五〇〇〇タッチなら、一日三枚程度の書類しかつくれないでしょう。また、パソコン作業の合間に休憩を入れるのはいいことですが、厚生労働省労働基準局では、「六〇分作業したら一〇〜一五分休むのが望ましい」としており、社保庁の基準は職員に甘すぎです。

そして、最後のアクセス記録が残らないようになったことで、職員は有名人やら友人・

知人の個人情報や年金記録を覗き見し放題となり、江角マキコさんや菅直人さんの未納記録がマスコミに漏らされる騒ぎとなりました。

何よりも問題なのは、このような行きすぎた権利を主張する一方、入力作業の精度にはほとんど注意を払わなかったようで、なんと五〇〇〇万人分の年金記録が誰のものかわからなくなったことです。〇七年に発覚して国民の不満が爆発し、安倍首相退陣の遠因の一つになりました。

治外法権の社保庁

社保庁の職員も、全員が、このような非常識な要求に同調していたわけではありませんでした。しかし、少しでも組合に異を唱えようものなら、ひどい目にあいます。

国費評議会とは別の、厚生労働省職員の労働組合、全厚生代議員の野地幸雄氏は、二〇〇〇年に行なわれた組合の定期大会で、次のように証言しています。

「国費評議会に反対する職員には人事、昇任昇格差別が徹底して行なわれ、それは退職後の再雇用まで及ぶといわれています。反対に、国費の役員を経験したものは、人事面で優遇され、ある県では、人事当局のほうが労働組合よりよほど民主的と職員からささやかれる有り様です。これらが組合員の不満として蓄積されているのではないかと思います」

怖いことです。上司に逆らって左遷というならわかりますが、熱心な組合員に対して、

「あの、この要求はちょっと図々しいのでは？」

「もうついていけないので脱会させてください」

「あなたも要求をするばかりでなく、少しは働いたらどうですか」

などと正論をもらせば、人事に手がまわり左遷させられるのです。

社会保険庁の労働組合がここまで強くなったのにはワケがあります。

以前、年金徴収の仕事は、国が自治体に委任していたため、社会保険事務所で働く職員は、国家公務員でありながら都道府県知事の指揮のもとで働くという変則的な身分でした。そのため、国の管理が及ばず、自治体側も遠慮して、どこからも管理されない「治外法権」となったそうです。この権力の空白地帯で労働組合が先鋭化していきました。

たまに本庁から派遣されてくる幹部職員も、組合の機嫌を損《そこ》ねると仕事がまわらなくなるので機嫌をとるようになり、ますます組合は権力を強めていきました。

自民党にとって労働組合は敵

労働組合は、組合費の一部を自治労、連合などの上部団体に上納してきました。そして、自治労や連合は金と票で野党を応援してきました。

だから自民党にとって労働組合は敵です。一九八〇年代に国鉄、電電公社、専売公社が民営化されましたが、これは、行革のためだけでなく、自民党による国鉄と公社の労組つぶしの意図があったと囁《ささや》かれています。なるほど、この中曽根行革の後、社会党は急速に弱体化しました。当時は今の民主党ぐらいの力があったのに、今ではすっかり弱小政党です。

〇七年には、小泉純一郎元首相が推し進めた郵政民営化が実現し、一〇年には社保庁が非公務員型の公法人に生まれ変わります。一足先に、〇七年から社保庁労組の国費評議会は組織替えをして、全国社会保険職員労働組合という名前に変わりました。

自治体でも、小泉元首相が唱えた「官から民へ」のスローガンのもと、公務員の新規採用を抑え、外注化が進んでいます。これも、お役所の労働組合員の数を減らして民主党を弱体化させる意図があるのかもしれません。

その一方、自民党は財界やキャリア官僚と癒着して甘い汁を吸っている面があります。

労働組合も自民党も、調子に乗らず襟を正し、世間の常識に合わせたまっとうな主張と活動をしてほしいと願います。

＊参考資料：厚生労働省・労働組合基礎調査二〇〇六年、同実態調査二〇〇三年、総務省・地方公務員の職員団体・労働組合に係る職務専念義務の免除等に関する調査結果二〇〇八年

六月——ジューンブライド／衣替え

公務員の結婚事情

女性にやさしい職場

六月はジューンブライドの季節です。今回は公務員の結婚事情についてお話ししましょう。

お役所というところは民間企業よりも男女のバランスがよく、職場恋愛をするにはもってこいの環境です。

というのも、一〇年ほど前までは男性の多い職場でしたが、近年、公務員試験を受ける女性の数が増え続けているからです。〇六年の国家公務員採用試験では、一万二〇〇〇名の合格者中四分の一が女性でした。キャリア公務員でも新人一六〇〇名中三〇〇名近くが女性です。都道府県庁では、〇六年度の合格者計二万名のうち五分の一が、市町村では計二万五〇〇〇名中半数が女性でした。

公務員も民間人と同じように、ごく普通に恋愛をして、ごく普通に結婚をします。ただ一つ違うのは、公務員の女性は、結婚しても出産してもめったに仕事を辞めない、ということです。

かつて私がお役所勤めをしていたとき、既婚で子持ちの女性たちがこう教えてくれました。

「家で子どもを育てるより、保育園に子どもを預けて職場に来るほうがぜったいラクよ」

そして、連休や夏休みが終わると、口々に言い合っていました。

「家で家族の世話をしてるより、ここに来たほうがよっぽど休めるわ」

そして、おしゃべりやカタログショッピングなどにいそしんでいました。ときどき窓口来庁する一般市民から、

「職員のおしゃべりが目に余る」

という苦情が寄せられましたが、

「口を動かしながら手も動かしてます。おしゃべりしながら仕事もしてるんです」

と平然と言い返しました。部長が、

「せめて来庁者がいるあいだだけは慎《つつし》んでほしい」

と頼むと、

「人間、休憩も必要です。うるさいことを言うなら来庁者の目につかない休憩室をつくってください」

と要求し、ついたてに遮られた休憩コーナーを勝ち取りました。

三年休める育児休業

ところで、子どもを預けて働くといっても、保育園に入れるのは一苦労です。予約が満杯で、厚生労働省の調べによれば、〇七年四月現在、全国で二万人近い入園待機児童がいます。けれども、地方公務員なら子どもを公立保育園に優先的に入園させてもらえるという噂もあります。横浜市では、保護者の五割が公務員という園もありました。

「いや、子どもは親元で育てるべき」

という人や、いわゆる「三歳児神話」を信奉する人にも、役所は天国です。公務員は子どもができると三年間休めるのです。しかも、はじめの一年は、給料の半額を共済組合からもらえます。

ちなみに、法定、つまり民間企業で認められる育児休業は一年だけですがやはり給料の半額が雇用保険からもらえます。九一年にできた育児休業法はあまねく普及し、公務員であれ、民間であれ、子どもができた女性の九割が育児休業制度を利用しています。ただ、公務員のほうが二年も長いのです。そのうえ、人事院によれば、国では育児休業中の職員がいると、七割がたのケースで期限つきの非常勤職員を採用し、まわりに仕事のしわ寄せがいかないようにしています。それなので、まわりに気兼ねしたり、復帰後にポストがなくなるといった心配もありません。

育児休業が明けても、公務員なら子どもが小学校に上がるまでは一日の勤務時間を二時間短くできます。たとえば、朝子どもを保育園に送って一時間遅れで出勤したり、一時間早く帰って夕食の支度をできるのです。民間企業でも同様の制度が義務づけられましたが、子どもが三歳になるまでです。

しかし、学校が終わると子どもは一人になります。一昔前は、親と同居するか、家政婦さんを雇って子育てを乗り切った女性公務員が多くいました。共働きもまだ少ない時代、情報もなく、うまく子どものケアをできず、子どもが問題を起こしてしまった厚労省の女性官僚も枚挙に暇《いとま》がありません。子育てや介護のために泣く泣く辞める人もいました。けれども、今は学童保育や介護施設が増え、だいぶラクになりました。

世帯主は公務員の妻

公務員の給料は男女平等、多少の不便は我慢して共働きを続ければ、ダブルインカムです。普通の地方公務員でも、ベンツに乗って別荘を建てるというワーキング・リッチの暮らしが楽しめます。ただ、私のまわりには、ダブルインカムの喜びによいしれて、バブル期の最高値のときにマンションを買ってしまった公務員夫婦も少なくなく、そういう場合はローンを払いながら比較的庶民的な生活をしています。

ところで、職場結婚でなく、民間人と結婚した公務員女性の間で、結婚後にほぼ全員が行なう特別な手続きがあります。それは、住民票の世帯主を、夫から妻に書き換えることです。

四歳上の私の先輩は、民間人と結婚して、福利厚生の官民格差を知って愕然としました。たとえば、夫の会社に社宅はありませんが、公務員なら、通勤三〇分の都内の築浅の物件を借り上げ官舎にして格安で住まわせてくれます。扶養手当も公務員なら子どもが二二歳になるまで一人につき六〇〇〇円もらえるのに、夫の会社はたったの一〇〇〇円だそうです。

さらに、互助会から、出産祝いだの幼稚園の入園祝いだの、小中高大の入学祝いだの、就職祝いだの、成長の節目節目に祝い金がもらえます。ただし、これらの特典は世帯主でないともらえません。

そこで、甘い新婚時代が終わって生活が現実的になってくる頃、妻が自ら世帯主になるのです。もちろん、家での発言権も強くなっていきます。さらに、別居している老親も扶養家族にできるので、手当をもらっている人がけっこういました。

このように、公務員の妻というのは、一家に富をもたらします。「金のわらじをはいてでも探すべき嫁」です。公務員女性と結婚した男性は「逆玉《たま》の輿《こし》」と羨《うらや》ましがられるそうです。

逆に、公務員の夫というのも、育児休業などを民間企業よりとりやすいので、家事への協力が見込めます。民間企業における男性の育児休業取得率はまだ〇・六パーセントですが、国家公務員なら一パーセントです。

ただし、陸上自衛隊など、従来いわゆる「男の職場」とみなされてきた役所では、新入職員のうち女性は一割弱にすぎず、結婚をすると「女性は退職して家事に専念すべき」という圧力があるそうで、大概、それに屈して家庭に入るそうです。

役所の結婚あっせんサービス

ところで、公務員の世界でも晩婚化と結婚難が進んでいます。男性は出会いがなく、女性は経済的に結婚する必要がまったくないため、役所には独身公務員がたくさんいます。

それを見兼ねた役所側が対策に乗り出しました。

国家公務員共済組合（ＫＫＲ）では、〇四年から、公務員のための結婚あっせんサービスを始めました。東京地区だけでも月に四回、銀座や汐留でお見合いパーティを開いています。出口で張り込み取材を試みたライターによれば、

「カップルになった人はいないようで、みなばらばらに帰っていった」

そうです。それでも、組合のホームページによれば、〇四年からの三年間で七七組の成婚者を出したそうです。さらに、〇七年秋、「親御様向け結婚相談会」も始めました。この「ＫＫＲブライダルサービス」は、年会費が男性三万円、女性二万円と格安ですが、入会資格は国家公務員とその家族（二等親以内）に限るそうです。

東京都庁など、地方自治体の共済組合や互助会でも同様のサービスを行なっています。

公務員の制服

下着まで支給する自衛隊

さわやかな初夏の日差しが続く、入梅前の六月、警察や自衛隊など、いわゆる「制服組」の公務員たちはいっせいに夏の制服に衣替えします。

警官は水色のシャツ、海上自衛官や海上保安官は真っ白なシャツにズボンもベルトも靴も白。目にも涼やかです。

公務員の制服は、民間会社のそれに比べて一人にたくさん種類が支給されます。夏服、冬服、合服。そしてそれぞれに礼装、常装、作業服があるのです。私は制服には詳しいです。なぜなら、私自身が予備自衛官だからです。

予備自衛官とは、普通のサラリーマンや学生が、年に五日射撃などの訓練を受ける制度です。有事の後方支援要員として、全国に五万人います。主に退職自衛官が中心だったのですが、〇一年から未経験者も応募できるようになりました。私は英語の通訳として年に五日出頭するだけですが、自衛隊の制服の春夏秋冬分一揃いを貸与されました。

陸上自衛官の制服はモスグリーンのスーツで、夏は白のブラウスとスカート、男性はズボンになります。靴は黒のパンプスでリーガル製です。作業用の茶色いブーツもあります。けっこういいものです。さらに、帽子やコート、靴はもちろん、ストッキングや下着類まで支給されます。下着は私物をつけてもいいのですが、ストッキングの色が少しでも濃かったり、ブラウスのボタンを開けたりしようものなら、

「だらしない」

と、上司や先輩から怒られます。

入隊時には、小学校の体育の授業でやったような、「気をつけ、休め、敬礼」「進め、止まれ、回れ右」の号令にあわせて動く訓練を、一日何時間もかけて行ないます。教官は、

「自衛隊は見栄《みば》えがすべてだ。ぴしっとした格好をして、ぴしっといっせいに動けば、強そうに見えるだろう?」

と、非戦国・日本の防衛の極意を教えてくれました。まあ、部隊の生命は規律なのです。

自衛官は普段は迷彩模様の作業着を着ていますが、幹部や政治家が視察にやってくるときは、スーツや礼装に着替えて迎えることもあります。

イケメンぞろいの特別儀仗隊

さらに、自衛隊には、容姿《ようし》端整《たんせい》な若者ばかり集められ、要人の前で見世物をするための専門部隊があります。失礼な言い方をすれば、北朝鮮の喜び組の男性版のようなもの、よく言えば自衛隊の「顔」です。

「特別儀仗《ぎじょう》隊」と呼ばれ、防衛省の本省がある市ヶ谷に置かれています。儀仗とは、儀式の際に使う兵杖のことです。それが転じて、天皇や総理大臣の観閲や外国の賓客が来日したときにつけられる兵隊の呼び名になりました。自衛隊の儀仗隊は、目にもまぶしい白の正装姿で整列し、ライフル銃をバトンのようにくるくる回したり投げあったりする演技をします。

要人や国賓の護衛《ごえい》兼接待係ですから、儀仗隊に入るにはイケメンでなければなりません。

「新隊員で容姿端整な者のなかから、身長、体重も考慮して選びます。そして、厳しい訓練を経て皇居や迎賓館で要人を迎えます」（防衛省陸幕広報課）

はて、どれくらいイケメンなのでしょう？　確かめるには、ニュースなどで観閲式などの報道の折、要人の後ろに映るほか、自衛隊のホームページのなかに儀仗隊の紹介があり、メンバーの顔写真がアップで載っています。帽子をかぶっているのでわかりにくいのですが、よく見ると、たしかにイケメンぞろいです。それも、色白で涼やかな一重目のおしょうゆ顔が多いです。色黒でバタ臭いタイプのイケメンはあまりいませんでした。そして、年を取って容貌《ようぼう》が衰えれば、

「自然と卒業していきます」(同)

容姿端整な皇宮警察

もう一つ、イケメンでなければなれない公務員があります。それは、皇宮警察です。皇宮警察とは、警察の一部で、天皇陛下や皇族の護衛を行なう警察です。皇居をはじめ、皇太子ご夫妻の住む赤坂御用地、葉山や那須の御用邸、京都御所や奈良の正倉院の警備もしています。

日々の仕事は地味な警備ですが、皇族が外国や地方へ出かける際は白バイで先導したりサイドカーで護衛します。皇族の冠婚葬祭や外国大使の交代などの特別行事では儀礼服を着ての騎馬での護衛もあります。やはり、大勢の人の目に触れたり、外国からの賓客に見られたりそれぞれに随行する外国メディアに映ることが多いのです。だから面接では容姿も重

視されます。

「（身長・体重といったような）具体的な基準は設けていませんが、職務の性格上、それはやはり考慮いたします」（皇宮警察警務課広報担当）

私はランニングが趣味で、よく、皇居のまわりをランニングします。桜田門、坂下門、大手門、要所要所に皇宮警察の交番があり、皇宮警官が立っています。見たところ、四人に三人の割合でイケメンがいます。たいてい二人一組で立っているので、えげつないおしゃべりをしていることもあり、イケメンも形無しです。

皇宮警察はインターネットのホームページで中途採用の募集をしています。応募資格は、大卒で、次のいずれかの条件を満たすことだそうです。それは、ＴＯＥＩＣ七三〇点以上、スキーＳＡＪ二級以上、柔剣道二段以上、日本馬術連盟による乗馬の資格Ｂ以上、大型自動二輪車の免許保持者です。合コン相手としてもモテるのではないでしょうか。

七月——夏休み

公務員の特別休暇

牛久市長が長い夏休みを廃止

〇七年の夏、茨城県では公務員の夏休みが選挙の争点になりました。ことのおこりは七月、牛久市の池辺勝幸市長が、市役所職員の夏の特別休暇を廃止したのです。当時の記録によれば、同市の〇四年の有給休暇取得日数は一五・六日と民間企業の平均八・四日（厚生労働省調べ）の倍近くありました。この他に、夏の特別休暇が五日もあったのです。これは民間企業出身の市長にとって驚きでした。市長は、記者会見を開いてこう話しました。

「年間二〇日の有給休暇があるのに公務員は優遇されすぎだ。超優良企業と比べても厚遇で、納税者の理解が得られない」

夏休みを取るなというのでなく、有給休暇の範囲で休むよう命じたのです。これに対し、市職員の労働組合は、

「時短に逆行している。選挙を意識した人気取りだ」

と反論しました。たしかに市長は九月に市長選を控えていました。夏休み短縮のニュースは全国をかけめぐり、牛久市と市長の名は全国に轟《とどろ》きました。全国の自治労加盟の公務員労組が牛久市労組を応援し、牛久市長に六一六通の抗議文を送るというおまけもつきました。

はたして、選挙の結果は市長が再選されました。牛久市民が公務員の長すぎる夏休みにノーを突きつけたのです。

長い休みは健康のため

長い夏休みは、公務員の特権です。私も民間企業からお役所に転職してびっくりしました。年次有給休暇が初年度から二〇日もらえ、その他に夏休みとして七月から九月の間に五日間、「好きなときに休んでよい」と言われました。

それまでいた民間企業では、有給休暇は法定で一〇日きり、夏休みはお盆の週に九日間いっせい休みでした。その間に有給休暇を強制取得させられます。お盆の週は旅行料金が高い時期なので海外旅行などには行けません。けれども、自由に使える有給も少ないので他の時期は休めず、結局旅行は行けずじまいでした。

しかし、役所では好きなときに取れるので、安くて空いているときを選びながら、だいぶいろいろなところに行きました。先輩は、丸二週間休んでメキシコ旅行に出かけていました。

有給休暇の他にもらえる夏休みは、国家公務員なら三日で、地方公務員ならだいたい五日です。東京都庁では五日です。

山形県庁では、盆休みという名前で六日休めます。山形といえば花笠音頭発祥の地、公務員も地元の盆踊りに情熱を傾けるのでしょうか。山形県庁ではこの他に「心身の活力の維持及び増進」のための休暇が五日、ボランティア休暇が五日、忌引きも一〇日もあり、休みが充実しています。

「これは民間企業と比べて多すぎます。牛久市のような例もありますが」

と尋ねたところ、県では、

「職員に健康で働いていただくためにそうしております。他県とか国の状況を勘案しながら措置しておりますので、今すぐ見直しということは考えておりません」（人事課人事管理係）

と涼しい顔でした。山形県に限らず、地方公務員は、民間の常識よりも他の役所を見て労働条件を決めるのです。

山口県周南市では、夏休み五日のほかに盆休みが一日もらえます。夏休みと盆休みの違いは、

「夏休みは七月から九月の間に取るもので、盆休みは八月一一日から一七日の間に限定して取るものです」(市人事課)

まあ、地方の公務員には兼業農家も多く、夏休みとはいえ農作業の手伝いで忙しいという話もちらほら聞きます。私の中学の同級生も、お父さんが警察官で、夏休みは長野の田舎に帰って一家でキャベツの収穫を手伝うと言っていました。

国家公務員のヤミ休暇

ところで、国家公務員は夏休みが三日と書きました。地方公務員より少ないのです。しかし、これには裏があります。

国家公務員には、地方公務員より少ない休みを補うため、休んでも出勤したことにして出勤簿に出勤印を押していいという「トクトク休暇」というヤミ休暇があります。実は、私のいた役所にもありました。私の職場だけのローカルルールかと思っていたら、この

「トクトク休暇」は全国にあるようです。

仕組みはこうです。人事院規則によれば、公務員は、国会や裁判所への出頭、骨髄提供、ボランティア活動などをすると、有給休暇のほかに特別休暇がもらえます。これを拡大解釈して、休養のための特別な「特別休暇」というのをつくりだし、「特・特（トクトク）休暇」と呼んでいるのです。

「自主研修」という名の夏休み

また、休みが長いといえば教員です。

八月の中旬のこと、私は取材で、ある小学校に電話をしました。

――校長先生お願いします。

「今日は研修です」

――明日はいらっしゃいますか。

「明日も研修です」

――遠くにいらしたのですか。

「いえ、市内です」

——次はいついらっしゃいますか。

「来週の金曜日です」

また、ある中学では、

——教頭先生お願いします。

「出張で今週は出てきません」

——いついらっしゃいますか。

「わかりません」

どうも、学校に出てこない言い訳で「研修」「出張」と言っているようなのです。

公立学校の教員は夏休み期間中、「自主研修」をすることが認められています。読書や美術館や図書館通いも含まれますし、私的な旅行やレジャーであることも少なくないといわれています。夏休みだから堂々と休めばいいのですが、夏休み期間中も給料をもらっている手前、働いているように見せかけたいようです。

別の取材で教員の給与明細実物を見せてもらったことがあります。五〇代の校長先生の月給は総額六四万円、三二歳の女性教員の給与は三七万円でした。夏休みの間もこの給与がもらえます。

その一方で、学校には今、非常勤の補助教員が増えています。彼らの待遇は過酷です。時給は一二〇〇円程度で、実働分しか給料がもらえず、夏休みは無給となります。さいたま市のベテラン非常勤の女性は、毎日五時間働いても年収が八〇万円にしかならず、生活保護を受けながら教員をしています。

日本では、九二年までは小中学校は土曜日も午前中だけですが、授業がありました。八〇年代までは民間企業も土曜日に半日仕事をしていました。八〇年代に大手企業から土曜日休みが広がりました。その頃は学校は土曜に授業があり、教師に夏休みがあってもさほどうらやましがられませんでした。しかし、九二年に日教組の発案で学校にも週休二日制が導入されました。このとき、授業時間を減らすために授業内容を減らしたのが、悪名高いゆとり教育の始まりです。

土曜日も休めて夏休みもあるとなっては、教員は羨望の的、場合によっては非難の的です。そこで、教員たちは夏休み中の「自主研修」をことさら強調しはじめました。

実際、教員になった友人に話を聞くと、

「夏休みもクラブ活動の顧問をしていれば毎日出なければならないし、事務仕事が多く夏休み期間中も忙しい」

と言います。また、

「土曜日に授業があった時代のほうが、土曜日の午後にたまった仕事をできるので、ゆとりがあった」

と答える教員も多いです。

日本の子どもの学力低下を受け、今や学校の土曜日授業復活を望む声が強いのです。そうすれば、学校の先生たちも、気兼ねなく夏休みを取ることができるでしょう。

「手当」という名のお小遣い

ところで、公務員にしろ教員にしろ、自治体によっては夏休みを取ると「手当」がもらえるところがあります。

千葉県の佐倉市役所では、職員共済会に税金を投じて、いろいろな手当を支給しています。たとえば、会員が契約ホテルに泊まると一泊二五〇〇円、市内のスパ（温浴施設）に行けば五〇〇円の「施設利用手当」がもらえます。野球やサッカー観戦、映画鑑賞や東京ディズニーランドの利用にも「観劇・観戦手当」が出ます。はり、きゅう、マッサージを受ければ一回一〇〇〇円の「施術利用手当」、極めつきは、職場の親睦《しんぼく》活動に出るともらえる一回六〇〇〇〇円の「元気回復手当」です。

けれども、さすがにマスコミにばれて世間の批判を浴び、見直しを検討しはじめていま
す。

株式会社電通リサーチでは、毎年、夏休みの過ごし方についてアンケート調査を行なっています。それによると、〇七年の夏の予定休暇日数は六・三日、夏休みの予算は一〇万六〇〇〇円でした。学生では三六・二日と長いものの海水浴、遊園地といった近場のレジャーが中心、二〇代未婚OLでは海外旅行、三〇〜四〇代既婚者では国内旅行や帰省、五〇代では「なるべく家にいる」との回答が多かったそうです（東京三〇キロ圏に住む一五〜五九歳の男女対象、有効回答数六三〇）。

八月——サマーレビュー

夏の予算要求大作戦

絵空事日記

公務員の長〜い夏休みについてはお話ししたとおりです。

でも、のんびり休める公務員ばかりではありません。八月も終わりになると、役人たちは早くも来年度の予算獲得作戦を始めます。平日の夕方、「サマーレビュー」と称して幹部公務員が予算担当の責任者を自分の部屋に呼びつけます。そして、事業の進み具合の点検をしながら、来年度の予算獲得戦略を練ります。終わるとみなでビールでも飲みに行きます。ここで予算担当者同士が打ち解け団結を図り、財務省や国会、議会を相手にする共闘体制を整えるのです。

予算といっても、家庭での夫や子どもによる妻への小遣い獲得交渉と何ら変わりません。お父さんのお小遣いが今年、月三万円なら、「来年もまた三万円くれ」と言う分にはあまり問題も起きず認められるでしょう。しかし、家計にはさまざまな事情が生じます。

昇進して給料が増えることもあれば、会社のリストラで給料が下がることもあります。子どもが進学して学費が増えるかもしれませんし、家を建て直したいと思うかもしれません。

すると、「来年はあと一万円増やしてくれ」「いえ、悪いけど三〇〇〇円減らしてね」などと交渉します。ときには妻が働きに出たり、奨学金を借りて決着を図るかもしれません。

役所の場合も同じです。お金の使い道を決めるのが国会（議会）で、金庫番が財務省（地方自治体なら財務局）です。

節約よりも借金

だいたい「前年どおり」の予算なら無理なく通ります。労働力人口が減って低成長のこの時代、税収増はあまり期待できません。財政難の折、人件費を五パーセント減らせとか、随意契約（特定の業者から買うこと）は止めてなるべく競争入札にして安く買えなど、節約の指示はあります。逆に、時代の変化に対応した政策を打ち出せば、新たな予算をつけてもらえます。

役所の予算が家計と違うのは、あまり節約をしないことです。これまでも、節約するよりは、国債や地方債といった借金でしのいできました。国は、毎年の税収が五〇兆円なのに、赤字国債を毎年三〇兆円発行しています。もし、まわりに年収五〇〇万円なのに、毎年三〇〇万円を借りて八〇〇万円の生活をしている人がいたら、きっとあきれられ信用されないでしょう。

いつから日本の役所はこんなお金にだらしなくなってしまったのでしょうか。日本の役所も、昭和三〇年代は均衡財政を掲げ、収入のなかでやりくりをしていました。しかし、昭和三八年に田中角栄氏が大蔵大臣になると、

「とにかく使うことを先に考えろ」

と言ったそうです（小学館『SAPIO』〇七年一二月一二日号　大前研一氏「新官僚論」）。こうして、昭和四〇年から国債を発行して、収入以上の予算を組むようになりました。

昭和四〇年代、五〇年代の高度成長期はそれでもよかったのです。人口が増え、都市に人口が流入し、建設国債を発行して住宅や道路やダムをつくりましたが、需要も返済のあてもあったからです。しかし、少子高齢化となった今、借金をして箱モノをつくっても需要も返せるあてもあまりありません。財政均衡をとり戻さなければならないのですが、お役所は借金体質を改められずにいます。今こそ、財政政策の転換を迫られています。でな

ければ、将来、人口減で税収が減るのに、過去の借金を返さなければならずたいへんです。

予算のためのウソ作文

さて、お役所はなぜこんなに赤字を出してまで予算を増やしたがるのでしょうか。それは、「ポストは予算についてくる」と言われ、予算が増えると、それに応じて部署の数や外郭団体の数が増え、管理職ポストや天下りポストが増えるからです。役所では、予算の獲得が出世につながります。

となると、役人は予算を増やすのに血眼になります。

ウソでもいいから予算ゲットの言い訳を考え、新規予算を要求します。実際、あまりにウソが多いので、予算要求の理由づけを、役所では「作文」と呼んでいます。ありもしない事業計画をでっち上げ、積算を水増しするからです。その「作文」のテーマには時代によって流行があります。流行さえ押さえれば、予算は通りやすくなります。

八〇年代から九〇年代前半までの流行はＯＤＡ（政府開発援助）でした。まだアメリカとソ連が冷戦をしており、「裏にアメリカの意向がある」とハッタリをかませれば予算がほいほい通りました。

私の働いていた国の労働問題研究所でも、ＯＤＡについての「作文」が採用され、年に八億円分ほど多めに予算をもらうことに成功しました。労働問題の研究所がＯＤＡとはけげんに思われるかもしれません。

私たちの作文の内容は、ＯＤＡとして、「発展途上国の労働組合に業務支援のためのファックス機器を送る」というものでした。とくに、フィージー、タヒチなどの南太平洋の島々に力を入れて「南太平洋諸島の共産化を防ぐ」と書きました。そして、一台三万円ほどのファックス機器を買っては南洋の島々に送り、「納品確認に行く」という口実で、職員が代わる代わる観光旅行に訪れました。飛行機はファーストクラスやビジネスクラスを使い、途中オーストラリアやニュージーランドに寄って一流ホテルに泊まったりしたので、費用が一人一回一〇〇万円ほどかかりました。だいたい、一台三万円ほどのファックスを送っては三〇〇万円から一〇〇〇万円かけて見に行く計算でした。旅行した職員は延べ数百人にものぼります。

九〇年代になってソ連が崩壊すると、「東欧諸国の共産主義への揺り戻しを防ぐ」と書き直して東欧諸国への観光を増やしました。おそらくアメリカもびっくり、ＯＤＡにかこつけた慰安旅行でした。

ウソ作文から生まれた箱モノ

また九〇年代半ば、バブル経済がはじけて失業率が高くなると、「景気対策」「失業対策」が新しい作文のテーマになりました。

厚生労働省では、失業者らがゆっくり休めるようリゾートホテルをつくるという作文を書いたところ、難なく通り、財務省はぽんと五〇〇億円の予算をくれました。こうして、九七年、小田原に「スパウザ小田原」という厚生労働省の天下り法人が経営するリゾートホテルができました。

私も同僚と泊まりましたが、一人一泊二万円、有名エステサロンが併設され、全身マッサージを受け、ワインなど空けたところ、一晩で二人で八万円も払うはめになりました。客の多くは厚労省の関係者か自営業者でした。おそらく失業者はこんなところに泊まっている余裕などないでしょう。このホテルは多額の赤字を出し、完成して四年で閉鎖が決まり、最後は八億円で投げ売りしました。現在は外資系ホテルチェーンが運営し、「ヒルトン小田原」となっています。

次に「若者が失業しないよう、仕事の博物館をつくる」という作文を書いたところ、財務省はまたぽんと六〇〇億円の予算をくれました。こうして〇三年、京都に「私のしごと館」という博物館ができました。

私も取材で訪れました。

まず、入り口の近くに、電車の車両が置いてあり、なかで「電車でGO！」のようなコンピュータゲームが楽しめます。「運転士体験」ブースだそうです。テレビモニターの前にマイクを据えた「声優体験」ブースでは、アニメのアフレコごっこができます。「伝統工芸のしごと体験」ゾーンに進むと、ブースのなかで、本物の職人がかんなで木材を削っていました。まるで「人間動物園」で、檻の中の職人を見物しているような気がしました。

最後にしごと歴史・未来ゾーンに行くと、コンパニオン、客室乗務員、サラリーマンなどの等身大の人形が一〇〇体以上置いてあり、不気味でした。マネキンのような人形ですが、これが一体三五〇万円もすると聞いて驚きました。

入場料は二〇〇〜七〇〇円と抑え、文部科学省に頼んで中学・高校の京都への修学旅行ルートに組み込んでもらっているため、初年度の入場者は五〇万人を超えましたが、毎年一五億円の赤字です。

一方、外資系企業が、東京に「キッザニア」という仕事体験の遊園地をつくりました。

本物そっくりの店が並ぶ園内で、子どもたちがファーストフードや運送業などいろいろな仕事を体験できます。また、園内専用の通貨で給料がもらえ、それで買い物も楽しめます。入場料は一五〇〇〜二〇〇〇円ほどですが初年度の入場者は八〇万人を超えました。総工費わずか三五億円ですが、いつも予約で満員です。〇九年には甲子園の隣にも関西版ができるそうです。

〇七年の政府の官民競争入札等監理委員会で、私のしごと館は厳しい批判を受けました。「よほどお金に余裕のある、たとえばドバイのような政府ならこういうものをつくって、いくら赤字になってもいいのかもしれないけれども、わが国にそんな余裕はないのです」

そして、開館から五年足らず、〇八年の末までに残すか廃止するかを決めることになりました。すでに部分閉鎖が始まっています。

公共施設に採算性を問うのは酷ですが、それにしても、お役所の箱モノは浪費ぶりがはなはだしいのです。

一度取った予算は減らさない

さて、〇八年の作文のテーマは「環境」と「少子化対策」です。

公用車を新車にしたければ、「低公害車に替える」と言えばいいし、庁舎や官舎を建て替えたければ「断熱効果が高い建物に建て替える」と言い、海外旅行に行きたければ「環境先進国に視察に行く」、などと言えばほいほい予算がもらえるそうです。

また、〇八年度の国の予算では、子育て支援で、「放課後、校舎で学童保育ができるように校舎を改修する、指導員を雇う」などと言い、少子化で子どもの数が減っているにもかかわらず、六兆円の文教予算の増額が認められました。

そして、役所は一度取った予算は、要らなくなっても減らしません。

私のいた研究所では、九一年に図書室の引越しをして、引越しにともなう本の整理作業費用として三〇〇〇万円もらいました。次の年も「まだ整理が終わらない」と言ってまた三〇〇〇万円もらいました。その次の年も、また次もと、結局一〇年間、三〇〇〇万円をもらい続けてヤミ給与などに流用しました。さすがに一一年目になって、厚労省から、「もうこの言い訳は通用しません。別の業務で急遽新規予算の事業をつくってください」と言われました。

予算担当者だけではウソの種もつき、全職員に経理通達を出して「よいアイディアがあればぜひお寄せください」と、ウソ予算獲得のためのアイディアコンテストのようなこともしていました。

八月は、夏休みの絵日記ならぬ、役人の夏の絵空事予算要求の始まりの月です。

九月——敬老の日／読書の秋

公務員の退職金

年金世帯の高い所得

九月一五日は敬老の日です。一九六六年にそれまで「老人の日」と呼んでいたものを「敬老の日」と呼んで祝日にすることにしました。

私は、〇六年版厚生労働白書を読んでいて、ある見出しに目を留めました。

「所得は、昔は現役世代のほうが多かった」

記事を読むと、世帯主の年齢別に見た、家族一人当たりの平均所得は、敬老の日が始まった六六年には、勤労世帯のほうが年金世帯よりも高かったそうです。

「当たり前だろう」

とつぶやきました。しかし、八四年にそれが逆転し、今では年金世帯のほうが勤労世帯の所得より多いのです。

「ふざけるな」

と思いました。

財団法人高年齢者雇用開発協会が行なったアンケートによれば、定年退職者三七〇〇人の年金収入は平均二六八万円、働いている人は、この他に平均三九六万円の収入がありました。働いている人といない人をひっくるめた、定年退職者の平均年収は五〇六万円でした。これは、国税庁が集計した、民間企業従業員の平均年収四三五万円を上回ります。

日本は、若者の収入が低く、そんな若者が支える年金制度でお年寄りがゆとりをもてるいい国です。

たしかにまわりを見回すと、豊かな老人がごろごろしています。

豊かな退職公務員

先日、数カ月も休み返上で本を一冊書き上げたとき、思いたって、古都鎌倉の海辺にあるリゾートホテルに行きました。「ＫＫＲ鎌倉若宮」という、国家公務員共済組合が運営する公共ホテルで、利用者は退職公務員が多いのです。

平日でしたがほぼ満室、最後に一部屋だけ空いていると言われ飛び込みで泊まることができました。お風呂から上がってレストランに行くと、浴衣《ゆかた》姿の客でびっしり満席でした。

私以外の全員が元気な老人です。夫婦連れ、グループ連れとさまざまでしたが、平日の夜、リゾートのレストランで老人だけが楽しそうに酒を酌《く》み交わし、料理に舌鼓を打つ姿は老人大国・日本の象徴のように思えました。横のプールで泳いでいるのも老人、カラオケルームで熱唱しているのも老人です。

これほど老人が豊かだと、若者が老親に寄生する、パラサイトが増えるのも仕方ありません。けれども、年金は積立貯金ではなく、今の若者から集めた保険料を今の年寄りにばら撒《ま》く仕組みです。つまり、今の若者が老人になるときまで、この厚い年金水準が維持されるかはわかりません。

敬老の日が制定された頃の、仕事のある豊かな若者が慎ましい老人を敬い感謝する、という時代ではありません。むしろ、これからは「敬老の日」を改め「若者の日」というのをつくって、老人が年金を払ってくれる若者に感謝してほしいものです。

老人のなかでも、ことさら豊かなのが退職公務員です。

総務省によれば、〇五年度の国家公務員行政職の定年退職者の平均退職手当額は、二七一四万円でした（勧奨退職を含む）。また、地方公務員の平均は、都道府県が二六四九万円、指定都市が二五九一万円、普通市が二四八五万円、特別区が二三六四万円で町村が二一六八万円でした。お役所の規模が大きいほど、退職金額が多くなっています。また、地方自治体の教員は二八九四万円、警察官は二七五二万円と普通の公務員より高くなっています。

それに比べて、民間企業の退職一時金の平均額は一一一〇万円でした。会社都合退職で加算された場合の平均も一六四一万円です（人事院が〇六年に企業規模五〇人以上の民間企業六二三二社に行なった調査、回答率六二パーセント）。退職金制度のない会社も二三パーセントにのぼりました。公務員のほうが平均勤続年数が長いせいもあるでしょうが、それを割引いてもやはり公務員は恵まれています。

ただし、〇六年は国家公務員退職者二万名中、一五五名が懲戒免職で退職金を減らされました。

退職金で家を建てる

退職金は何に使うのでしょうか。公務員の多くは、退職金をもらうと、家を新築するか別荘を買います。

私のお役所時代の課長は北海道出身で、六本木の官舎に住んでいましたが、五〇代半ばに退職金をあてこんで赤坂に一軒家を建てました。独身の女性部長は、すでに都心に小さなマンションをもっていましたが、退職後に流行のタワーマンションに買い換えました。こうして、長い余生のねぐらを整えます。

さて、公務員の定年は多くの民間企業と同じ六〇歳です。そして、年金がもらえるようになるのは、おおむね六二歳から六五歳です。生年によって違います。この間、多くの人はアルバイトをします。

公務員の場合、たいがい古巣の役所にアルバイトで雇ってもらえます。これは再任用制度といい、都道府県の九八パーセント、政令指定都市では一〇〇パーセント、市や特別区で四一パーセント、町村の八パーセントで行なわれています。給料は、常勤で平均二四万円から二六万円、週に三日といった短時間でも二〇万円から二二万円もらえます（〇五年総務省調べ）。

支給まで古巣でアルバイト

古巣でのアルバイトはラクな仕事です。

私のいた厚生労働省の研究所でも、定年退職者は全員再任用されていました。ある女性部長は、定年退職後に、自分が部長を務めていた国際部のアルバイトとなりました。かつての部下である課長から調べものなどの仕事を頼まれると、

「あの課長はアタクシをこき使って困る」

と愚痴を言ってまわりました。そのとき私は図書館で働いていたのですが、彼女が本を探すときは、普通の職員なら図書館に来て自分で探すところ、内線電話をかけてきて、

「この本送ってくださる？」

と暗に命令するので辟易しました。

それなので、やがて研究所では、再任用職員には小さな個室を与えて隔離し、仕事を与えないようになりました。こうすれば、職員に迷惑をかけません。

私の部の男性部長が再任用のアルバイトになりましたが、あらかじめ課長から、

「健康が優れないのでお仕事をお願いしてはいけない」

と言われました。

ことにうるさく、若手の職員に因縁をつけては泣かせていた万年ヒラ職員の男性も、退職後に再任用され、裏口近くの不便な小部屋に隔離されました。職員は誰も寄り付きませんでしたが、しゅんとなるかと思いきや、外注業者のお掃除のおばさんに声をかけてはお

茶を入れて歓待し、楽しくやっていました。

他の再任用職員も、個室とパソコンを与えられ、老いらくのネットサーフィンなどをして遊び暮らしていました。隔離されて一人でパソコン、なんだかニートのようです。仕事もないのに再任用するのは、退職者への福利厚生のためです。でも、税金の大いなるムダ遣いです。

民間企業への再就職で意外な需要があるのは警察官と自衛官です。毎年株主総会の季節になると、総会屋が企業に因縁をつけてくることがあります。そのとき、元警察官が出てきて、

「私はこういうもので」

などとあいさつをすれば、総会屋も身を引くそうです。

総会屋担当の警察官にとって、有名企業への天下りは憧れです。警察も次々に企業を摘発して、天下りを受け入れるよう、暗に圧力をかけます。しかし、企業にとっては、若くない警察OBを一人雇うと、年間一〇〇〇万円前後かかります。一〇人いれば、億の金がかかります。そのため、

「警察は総会屋よりたちが悪い」

とぼやく企業の総務担当者も多いそうです。

退職後の天下りで五億円

さて、いよいよ待ちに待った六二～六五歳になると、年金支給開始です。

公務員の年金は民間よりかけ金が安くてもらえるお金が多いので有利です。

政府の社会保障審議会の試算では、年収五六二万円なら、サラリーマンは厚生年金保険料を年に八〇万円納めなければなりません。国家公務員の共済年金なら七六万円、地方公務員なら七一万円で済みます。それなのに、老後にもらえる年金額は、サラリーマンが月二一万円、公務員なら二四万円です。さすがにこれはズルイと文句が出て、公務員とサラリーマンの年金を同じ条件にすることになりました。しかし、公務員への「激変緩和《かんわ》」の配慮のため、実現するのは二〇一八年と遠い先です。

年金保険料や消費税の引き上げなど、国民負担を増やすときは、国会で決まれば翌年から即実行するのに、公務員が不利となる変更は何年もかけます。不公平です。

なお、国家公務員のキャリアになり、出世競争に勝ち抜けば退職金の額が段違いに多くなります。

総務省がまとめた国家公務員退職手当のモデルケースによれば、一般の行政職員が課長補佐で退職した場合、退職金は二六六三万円、課長になると三二九八万円です。キャリア官僚ならばたいてい課長にまではなれます。もう一段階出世して審議官になると、退職金は五三〇二万円にはねあがります。さらに局長で五九五五万円、社会保険庁や、〇八年に新設される予定の観光庁の長官で六七一四万円、事務次官で七五九四万円です。なお、〇五年に五〇〇〇万円以上の退職金をもらった国家公務員は三〇〇名いました。うち、六〇〇〇万円以上が六〇名、七〇〇〇万円以上が五〇名、八〇〇〇万円以上も五人いました。

キャリア官僚の採用は毎年六〇〇名ほどなので、省にもよりますが、二人に一人が退職金五〇〇〇万円以上のポストに出世できることになります。

公務員の退職後の進路で、役所への再任用の他に多いものは外郭団体への天下りです。衆議院の調査によれば、〇七年現在、公益法人で計三万人の元公務員が働いています。その四分の一は役員待遇で、平均年収一六〇〇万円の役員報酬をもらい（総務省調べ）、退職金を二〇〇〇万円ほどもらっては別の外郭団体に移ります。

移るたびに退職金をもらうので「退職金渡り鳥」と呼ばれます。財務省のエリートは役員報酬や退職金も高く、役所を辞めてから天下りだけで五億円を稼ぐ人もいます。それもこれもみな、勤労世代が納める税金から出ています。

ところで、外国の公務員にも退職金制度はあるのでしょうか。

イギリスでは、〇二年から公務員の退職金がなくなりました。ただし、年金額を減額して一時金をもらうことができます。アメリカでは、退職金はありませんが、公務員年金の制度があり、積立て期間が年金給付に満たない場合には、退職一時金が支払われます。

巨額の退職金と厚い年金の両方がもらえるという国は日本だけのようです。

敬老の日は、全国のお役所や天下り法人の庁舎を一般国民に開放して、老いてなお税金に寄生する天下り役人が、若く貧しい納税者に感謝をこめてごちそうをする日としてはいかがでしょうか。

公務員の表現活動

公務員出身の作家たち

秋の夜長の楽しみの一つは読書です。

有名な作家にも公務員だった人がいます。

まずは、堺屋太一氏。一九三五年大阪府生まれで、通産省のエリート官僚でした。官僚だった、まだ二〇代のときに万国博覧会の開催を提案して大阪万博の実現にこぎつけ、大成功させます。その後、在職中に作家デビュー。二作目の『団塊の世代』という小説が売れました。戦後のベビーブームに生まれた世代のことを「団塊の世代」と呼ぶのはこの本がヒットしたからです。

続く『知価革命』など、氏が小説に描いた未来予測はことごとく当たったといわれています。〇七年は日本経済新聞に『チンギス・ハーン』を掲載しました。

紀行文で名高い立松和平氏は、宇都宮市役所の職員でした。テレビの伝記番組で、市役

所の元同僚が、

「役所でも、仕事するふりして、書類の下に原稿用紙を忍ばせて小説を書いてたんだ。みんなわかってたよ」

と笑いながらばらしていました。立松氏も、

「生活のために市役所に就職したが、小説を書きたかった」

と振り返っていました。四七年栃木県生まれです。

私のいた厚生労働省の研究所にも詩人がいました。金子秀夫さんという方で、日本詩人クラブの理事を務めています。白髪頭のマッシュルームカット、出世には興味ないといった風情《ふぜい》で定年までずっとヒラ職員のまま、通信教育の教材発送などの事務を真面目にこなしていました。冬になるとよく白い大きなマスクをして、ゲホゲホ咳き込んでいたのが印象に残っています。けれども、同僚から、

「ああ見えて、実は高名な詩人なんだよ」

と聞いて書店に連れていかれ、著書を見て驚いたものです。

暴露系の元公務員たち

公務員時代の体験を暴露本にして作家デビューする公務員も少なくありません。〇七年、書店のノンフィクション部門の売上げをリードしたのは、二人の脛に傷持つ元公務員でした。

一人は、元大阪地検のエース検事だった田中森一氏です。四三年長崎県生まれ、『反転　闇社会の守護神と呼ばれて』で、検察捜査のツボや裏金、政治の圧力について、余すところなく暴露しています。

氏は四〇代で弁護士に転身し、バブル紳士や暴力団幹部の顧問弁護士となります。そして、検察の裏をかく手法で依頼人の犯罪容疑の立件を次々食い止めます。〇〇年、ついに依頼人がらみの詐欺事件に巻き込まれて逮捕され、〇八年二月に実刑が確定し、弁護士資格を失いました。正義の内部告発でなく、清濁《せいだく》あわせのむ大物の暴露であるところが圧巻です。

もう一人は、佐藤優氏。六〇年埼玉県生まれで、同志社大学大学院を出て外務省に専門職員として入りました。仕事で鈴木宗男氏と知り合い、その後ろ盾もあって出世しますが、逆に、鈴木氏の意向を受けて三井物産に不正に便宜を図ったり、外務省の予算を私的な勉強会に流用したとして、背任と偽計業務妨害で逮捕されました。〇一年に田中眞紀子氏が外相に就任して鈴木氏が失脚した折のことです。

そして保釈中に『国家の罠　外務省のラスプーチンと呼ばれて』を出版し、自らの逮捕は「国策逮捕」であると冤罪《えんざい》を主張しました。この本がまた迫力があっておもしろく、ベストセラーになりました。

佐藤氏は有罪判決を受け控訴中です。お役所の決まりで起訴されてから休職を命じられ、休職期間はもう五年以上になります。その間、一五冊以上の本を出版し、雑誌に一一本の連載を抱える売れっ子作家になりました。

実は、〇六年のノンフィクションのベストセラー作家も元公務員でした。北芝健氏、元警察官。『日本警察　裏のウラと深い闇』などで、警察の裏金や暴力団との癒着《ゆちゃく》をおもしろおかしく暴露しています。

早稲田大学卒、「元刑事、まだ四〇代の若手」という触れ込みでしゃべりもおもしろいので、テレビのコメンテータとしても引っ張りだこでした。ところが、氏が実は六〇歳で、一四歳も年齢をサバ呼んでいたこと、元交番勤務の巡査なのに捜査一課長の警視正だったと見栄を張っていたことがばれてしまいました。テレビは次々と降板させられたものの、本当に四〇代に見える若々しさを逆手《さかて》にとり、『北芝健のアンチエイジング道場』という本を出しました。たくましい限りです。

しかし、ここまで書くと、公務員の暴露作家というのは曲者ばかりであるという印象を与えてしまうかもしれませんが、清廉潔白《せいれんけっぱく》、警察沙汰や詐称《さしょう》には無関係という元公務員作家もたくさんいます。

公務員時代よりたいへん

〇三年に注目を浴びたのは天木直人氏、元レバノン大使。アメリカのイラク攻撃に反対する意見を表明して外務省から罷免され、『さらば外務省！　私は小泉首相と売国官僚を許さない』を書いて注目されました。私は、天木氏とときどき電話で話します。そのとき、天木氏がいつも私に尋ねることがあります。

「若林さん、ところであなた、生活はどうしてるの？」

天木氏の本は発売直後に完売し、版を重ねベストセラーになります。それでも、大使時代の収入には及ばないそうです。よく、

「フリーで食っていくのはたいへんですな」

と愚痴をもらし、私のことも心配してくれているのです。

私は厚生労働省の研究所に一〇年勤め、その湯水のような公金浪費ぶりを週刊誌に内部告発して辞めました。出版社から本も出してもらえると聞いて退職したのですが、途中で、

「やっぱりウチからは出せません」

などと言われたりして、紆余曲折を経てなんとか〇三年に『ホージンノススメ　特殊法人職員の優雅で怠惰な生活日誌』を出版しました。辞めてから三年間は貯金を切り崩して生活していました。

苦悩と怒りを本に込める

暴露本を出すにしても、転職をして、生活の糧を確保してから趣味で書くのが安全です。

外務省の医務官だった久家義之氏は開業医に転じてから本を書き始めました。氏は八八年から九七年にかけて三カ国の大使館で働きました。外交官たちは、海外で病気になったときに備えて、わざわざ日本から医師を連れて行き大使館に常駐させています。久家氏はそのときに見た外交官たちの金満生活ぶりを『大使館なんかいらない』で暴露しています。

「サウジの大使公邸は、サウジ政府が提供した広大な砂漠の土地に、丹下健三氏の設計で

建てられたモダンな建物でした。黒大理石を敷き詰めたホールには、ステンレスの杭をぶら下げた巨大かつ前衛的なシャンデリアがあり、床にはテニスコートほどもあるペルシャ絨毯が敷いてありました。（中略）ゴルフのグリーンをしつらえた中庭、日本庭園風の中庭まであり、砂漠のど真ん中とは思えない贅沢なつくりでした」

これほどの公邸を建てるのに一〇億円かかったそうです。アメリカにある日本大使公邸の建築費は六〇億円です。大使館ではなく、ただの大使公邸の話です。

久家氏はこう締めくくっています。

「しかし一般に、大使が住まいにふさわしいだけの品を備えていない例も多々あります」

〇二年に『官邸』という小説を発表した成田憲彦氏は、国会図書館出身で細川護熙内閣の総理秘書官でした。大学教員に転出してから作品を発表しました。

中野雅至氏は大和郡山市役所の職員から国家公務員試験を受けなおして旧労働省に入り、役所からアメリカのミシガン大学大学院に公費留学して大学教授に転身しました。『はめられた公務員』などで役所の腐敗の原因は公務員よりも政官の癒着にあるとし、公務員を擁護する立場です。

元農水省のキャリア官僚だった河辺啓二氏は、働きながら東大理三（医学部）を受けなおして医師に転身しました。本人いわく、「町医者の傍ら」、『政治家がアホやから役人やめた』などの著書をしたため、やはり政治家の圧力や介入を糾弾しています。

公務員作家のトリは、九一年に『お役所の掟　ぶっとび「霞が関」事情』を書いてベストセラーになった旧厚生省の宮本政於氏です。同書では、官僚が国会答弁で使うアンチョコの内容をばらしています。

「努める…結果的に責任を取らないこと。検討する…検討するだけで実際にはなにもしないこと。慎重に…断りきれないとき遣う。だが実際にはなにも行われないことを言う」

本はヒットしたものの、上司から執筆活動を止めるよう言われて応じずに左遷され、最後は無断で外国旅行をしたことを咎《とが》められて懲戒免職になりました。そして、講演先のフランスでガンになって客死しました。

暴露本の一冊一冊には、著者たちの血を吐くような苦悩や怒り、人生がつまっているのです。

公務員の自己顕示欲

旺盛な出版意欲

本といえば、自費出版が大流行です。

出版ニュース社の調べによれば、〇六年の出版社別書籍の新刊点数では、トップが自費出版の新風舎で二七八八点でした。二位の講談社二〇一三点を大きく上回っています。三位もやはり自費出版の文芸社で一一〇六点、小学館の九三七点よりも多いです。

日本人は万葉集の昔から和歌をしたため書を愛でてきました。遠慮深く見せて実は表現欲、自己顕示欲が旺盛なのは、古来からの民族的特徴でしょう。

自分で書くのはたいへんなので、代わりに自伝を書いてほしいという注文もあります。

私がお役所を辞めてライターになったばかりの頃、元校長先生とか、中小企業の経営者などから、

「アルバイトで私の自伝を書いてくれないか」

と頼まれました。

「私の人生は波乱万丈でおもしろいよ」

「私が子どもの頃の体験は、今の日本では考えられない貴重なものだ」

でも私もそれなりに忙しいので、後輩の男性ライターを紹介しようとすると、

「いや、けっこう」

と断られました。

話を聞いてくれる相手は女性がよいようです。

文章がうまくて愛想のよい女子大生や主婦のアルバイトなどを雇って、お金持ちの男性の自慢話を優しく相槌を打ちながら聞いて自伝を書いて差し上げる、そんな出版社をつくれば儲かるのではとふと思いました。団塊の世代が引退し、豊かで元気な老人が増えました。マーケティングのターゲットは、減りゆく若者でなく、増える老人です。

何しろ、冒頭の新風舎の売上げは〇六年で五三億円、文芸社が四七億円もあります。ただし、〇七年、新風舎は「著書を全国の書店で販売しなかった」として元大学教授などから訴えられます。これをきっかけに売上げが激減し、〇八年に破産しました。おそらく、ブログの普及も一因でしょう。ブログの情報発信は無料、国内登録者は一三〇〇万人

を突破したそうです（日本経済新聞〇七年一一月調べ）。

接待としての出版

公務員のなかにも出版熱の旺盛な人はいます。無欲に淡々と大過なく働いてきた人はともかく、キャリア官僚などで、ちょっと政策形成に関わると、もう自慢したくてたまりません。しかも、偉くなると、公費を使って自伝を出版してしまいます。

手口はこうです。

業界誌の出版社や役所の外郭団体で出版部門をもつところにごり押しでお願いして本を出してもらいます。出版社側は、接待と思って引き受けます。数千万円、数億円の補助金や契約がもらえるなら、本を出してやるくらいは必要経費です。さらに図々しい役人は、その本を役所に公費で大量購入させます。腰ぎんちゃくの部下に頼めば、

「業務の参考になります」

などと言って公費支出の稟議書を書いてくれるのです。

私が働いていた厚生労働省の研究所には出版部門がありました。私も三年間出版部にい

ました。「商業出版では採算のとれないような、労働問題に関する貴重な資料を出版する」ということで、出版費用は税金から賄っていました。しかし、実際には厚労省の官僚やOBの自費出版レベルの原稿を本にしてあげることが多かったです。

税金で印刷された本たち

たとえば、福島県の元労働基準局長の書いた、県内中小企業の社史があります。元局長は、

「近代日本の黎明《れいめい》期における近代史、経営労務史の貴重な資料です」

と胸を張り、一生懸命に書いてくれましたが、正直言って自費出版レベルの本です。この官僚は、他の外郭団体にも本を二冊出させました。新風舎、文芸社では、サラリーマンが国内・海外の赴任地や自分の仕事について書いたエッセイや中小企業経営者による起業自慢の本がわんさかあります。いずれもそこそこおもしろく、そこそこに社会的価値があります。公務員OBだけ税金で刷って、印税までもらえるのは不公平です。

元労働省労働組合課長の書いた『世界の労働組合』という本もありました。リクルート事件で賄賂をもらって有罪になった元次官の本も出してあげました。

一風変わった文集もありました。

橋本龍太郎内閣の行革リストラで○○年に労働省では労政局が廃止になりました。そのとき、局員たちが『労政局の軌跡』という文集をつくりました。局の歴史を書き、大物OBをよいしょし、居酒屋談義のような思い出話を綴《つづ》ったものですが、私のいた法人が製本して立派な本にしてあげました。

さらに、寄稿者たちに「印税」を総額で一〇〇万円ほど払いました。というのも、寄稿者たちはその文集を厚労省の業務資料として全部税金で買い上げてくれたからです。印税はキックバックです。行革に際しても官僚は最後の最後まで税金を食い物にして立ち去るのです。

また、法務大臣まで務めた参議院議員の森山眞弓氏は、元労働官僚です。さすがに政治家だけあって、大手出版社から本を出しました。内閣官房長官を務めた思い出を綴った『非常識からの出発』、文部大臣時代の経験と亡き夫との出会いを綴ったエッセイ『この日この時』などです。こういった本が出るたびに、私たちの研究所でも大量購入しました。部長は、

「本を出すと、買ってくれないかと頼んでくるんだよ」

と頭をかいていました。それなので、総務部を通じ、「業務の参考資料」ということにして、五〇冊ほど買い上げ、課長以上の職員に一冊ずつ配ります。でも、誰も読まず、かといってそのままゴミ箱に捨てるわけにもいかず、みな倉庫に放りこんで積んでありました。おそらく、厚労省の他の団体にも購入割り当ての依頼をしているのではないかと思われます。

けれども、一番図々しかったのは研究所の所長でした。この所長は高名な労働法学者で私大教授との兼任だったのですが、私大を定年退職したときの最終講義録を「花見忠教授最終講義」という小冊子にまとめさせました。この小冊子には所長の外国訪問の写真、ゼミの生徒と一緒にとった写真、アップの写真などが多用され、所長による執筆は少なかったので、さすがに印税は要求しませんでした。代わりに、自分の家に来た年賀状の束を私の同僚にどさっと渡し、年賀状交換の相手二〇〇名に一冊ずつ送るよう命じました。制作費、発送費はすべて税金です。

所長は後に週刊誌の取材に対してこう釈明をしています。

「本の印刷費は自己負担するつもりだったが、研究所側が印刷費を払わせてくれなかった」

しかし、頼まれた課長は当時、

「所長がらみのグレーな仕事が多くて大変なんだよ」

と愚痴っていました。異を唱えようものなら、

「君は図々しいところがあるね」

などと嫌味を言われて、人事面で干されるので、逆らえないようでした。

副収入が多い厚労省

けれども、お役所にはもっとつわものがいます。

週刊朝日で、〇七年の一一月に、「お役人の副収入」という四週連続の特集がありました。公表資料に基づく〇六年分の中央官庁の役人の副収入の多くが印税でした。なかでもトップは厚生労働省の役人で、製薬会社から原稿料と講演料を一年で二九〇〇万円ももらっていました。

二位も厚生労働省の役人で、国立社会保障・人口問題研究所の所長です。やはり専門誌への寄稿や講演料で六九七万円、三位も横浜南労働基準監督署の次長で、労働基準法改正の解説書を書いて四七五万円を得ていました。

警察庁では、現役長官である吉村博人氏が『警察改革　治安再生に向けて』という本を出版して一五二万円の印税をもらっていました。警察では、強盗犯人の取り逃しや警察官による拘置女性へのわいせつ、幹部による霊感商法への加担など、不祥事が後を絶ちません。こんな本を書く暇があるなら、現場への指導を徹底してほしいものです。

文部科学省でも、教育指導要領の解説書を書いたり講演をして二二〇万円、理科の教科書を書いて一一五万円を稼いだ役人がいます。

これら現役役人による本の多くは、お気軽なエッセイでなく、担当業務に関する行政の指針や手引き書です。しかし、それならそれで、業務としてパンフレットやホームページに書くべきものであり、印税をもらうのはおかしいと思われます。民間企業では、新製品の開発者が説明書や宣伝文を書いても、印税などもらいません。

役所側は、

「土日などのプライベートな時間に書いたので、印税をもらうのは妥当」

と弁明しています。その言葉を信じるにしても、本を書けるほど労働時間にゆとりがあり、印税までもらえるというのは、うらやましいかぎりです。

巷では、自費出版をめぐり費用が高いなどの苦情もあるようですが、そんな庶民の悩みなどどこ吹く風です。

お役人様には、ぜひ、ブログなどを通じて無料で情報発信をしてほしいと思います。行政にかける夢でもいいし、業績のアピールでもいいですが、お役所の不祥事の内部告発などもお願いします。正義のリークを、マスコミは大歓迎するでしょう。

一〇月——引越し／体育の日

公務員の住宅事情

職住接近の官舎ライフ

秋は引越しの季節といいます。

澄み渡る青空の下、散歩をかねながら好きな土地の新しい家を見てまわるのは気分のよいことでしょう。

さて、みなさんはどんなところに住みたいでしょうか。私なら、仕事に便利な都心で、大きな公園が近くにある閑静《かんせい》な住宅街が理想です。安くておいしいものがたくさん置いてあるスーパーマーケットがあると便利でしょう。あとは、故郷の横浜、あるいは湘南の海辺でスローライフを楽しんでみたいものです。京都や鎌倉、金沢などの古都は著名な哲学者や文学者を生んできたのでちょっと惹かれます。実際は便利さと安さの兼ね合いで、都心の下町に住んでいます。

家探しのネックは家賃です。

財団法人日本賃貸住宅管理協会は、全国のアパート・マンションの賃料を集計して平均を出しています。〇五年一二月から〇六年三月期の平均を見てみましょう。東京の都心では、マンションの平均が一九万六二六二円（全面積平均）、神奈川県東部だと一〇万円前後、都下（二三区外）や千葉県で八万円台、埼玉県で七万円台です。

全国に目を向けると、札幌市では四万円台、金沢市、名古屋市、広島市、沖縄県は五万円台で、仙台市、京都市、大阪府、神戸市は六万円台、福岡市が八万円台です。

単身用の三〇平米未満のマンションに限っても、東京の都心なら九万七五五〇円、神奈川東部で七万円もします。アパートもさして変わりません。

しかし、公務員なら家賃は格安です。

国家公務員宿舎を管理する、財務省国有財産調整課の小野哲《あきら》課長（〇七年当時）によれば、

「〇七年に国家公務員宿舎使用料の引き上げがあり、おおむね一番新しい宿舎で標準の六三平米の規格なら、一応都内ではどこでもだいたい四万円という形になります」

さらに、新築から五年、一〇年と年数が経つごとに家賃の額が下がっていきます。

国家公務員は行政職という事務職員だけで三〇万人いますが、その三〇万人向けの官舎

が一八万戸もあります。実際には古かったりして空きの多い宿舎もありますが、先の小野課長によれば、

「東京二三区で働く国家公務員は九万八〇〇〇人いて、三万八〇〇〇人が官舎に住んでいます」

しかも、その三分の二は東京二三区内の宿舎に住んで職住接近の通勤ラクラク生活をしています。

億ション仕様で家賃は無料

では、公務員宿舎にはどんな物件があるのか見ていきましょう。国家公務員になったつもりで、都心の格安物件に夢をふくらませてください。

まず、大使館や公園が多くおしゃれなイメージの渋谷区から。広尾の八九年完成の物件は2DKで家賃一万二〇〇〇円です。〇四年にできた代官山の3DKは四万円、目黒区中目黒の3LDKは五万円です。

千代田区紀尾井町にある〇一年にできた官舎は2Kと3LDKで全一一七戸。皇居に近い超一等地で、小高い丘の上の緑の木立に囲まれた低層七階建ての億ション仕様です。こ

こはなんと家賃がただ。というのは、地震などの災害が起きたときに、公務員が歩いて職場に来ることができるよう、

「国の安全保障のためにつくった危機管理住宅だから」（内閣府）

だそうです。

同じ理由で家賃がただの官舎は麴町と六本木にもあります。

実は、私の上司がこの六本木の官舎に住んでいました。

災害が起きたら職場にかけつけるどころか、普段からまともに出勤してきません。毎日一時間以上遅刻し、週五日のうち一、二日しか姿を見せないこともよくありました。一日来ない日は本省各課をまわっているとのことでしたが、用件が思いあたらないので、誰も信用していませんでした。課長に判断を仰ぎたいことができて携帯電話で呼び出してみると、後ろから音楽が聞こえ、喫茶店でサボっているようにしか思えませんでした。北国から上京して六本木に住めたことが自慢で、

「僕は六本木に住んでいるから」

が口癖でした。たくさんある官舎のなかで、希望の物件に入るには、人事の担当者にしつこく頼む押しの強さが必要だと教えてくれました。

やがて、定年を数年後に控え、そろそろ天下りをして官舎を出なければならないことに思いいたると、マイホーム購入作戦にかかります。出勤してもすぐに席を離れ、電話のある空き室にこもって不動産会社に電話をして、マイホーム購入の情報集めに専心しました。こうして一年後、都心に一軒家を建てました。

「今度家建てるんだ、赤坂に」

異動のあいさつにまわってきたとき、とてもうれしそうでした。

はっきり言って、危機管理住宅というのは、官舎の家賃をただにするための言い訳にすぎないと思いました。

年金を流用して官舎を建てる

話がそれて課長の悪口になってしまいました。さて、郊外の官舎の話もしましょう。

不祥事続きの社会保険庁が〇三年に建てた横浜の官舎は、横浜のなかでも高級住宅街として知られる山手地区にあります。東横線直通のみなとみらい線、元町・中華街駅かＪＲ石川町駅から、石畳のゆるやかな坂を上ること一〇分ほどの場所にあります。住人たちの勤務先である神奈川社会保険事務局へは地下鉄で二駅、歩いて通うこともできます。

三階建ての低層で落ち着いた官舎は、六〇平米の３ＤＫで家賃二万円、１Ｋ二四平米で六八六四円です。周辺相場の五分の一から十分の一の安さです。窓からはベイブリッジやランドマークタワー、山手公園が見渡せます。駐車場代は一五〇〇円、しかも全戸のトイレにはウォシュレットが標準装備でついています。

この宿舎の問題点は、公務員の福利厚生費でなく、私たち国民が積立てた年金保険料を流用して建てた点にあります。野党はこういったことを問題視して、国会に年金流用禁止法案を出しました。

横浜の山手地区には、他にもいくつか公務員官舎があります。

財務省の神奈川税関の宿舎は、なんと中庭にプールがついています。まわりに立ち並ぶ貿易商の豪邸にも、プールを備えたところはなかなかありません。一九七〇年築の古い物件ですが、３Ｋで家賃が九〇〇〇円なので文句は言えません。横浜港の神奈川税関からは通勤三〇分ほど。夏の夕方、仕事を早く切り上げて一泳ぎし、夜は元町のバーにしゃれ込むといった暮らしもできるかもしれません。ただし、住民感情に配慮してか、〇八年現在、プールは使っていないそうです。

ゆるい入居条件

海好きの若者には、湘南の物件はいかがでしょうか。

財務省の鵠沼寮は、江ノ島の西海岸にほど近い鵠沼松ヶ丘にあります。ここは湘南屈指の高級住宅地で、マンションを買えば一億円以上、借りても二〇万円近い物件がごろごろしています。近くには海浜公園や江ノ島の海岸が広がり、犬を連れて散歩したり、ジョギングやサーフィンをする人で一年中上品な賑わいを見せています。海岸沿いの道路には、おいしいお魚を出す定食屋やレストラン、オープンカフェが並びます。通勤には、小田急線の本鵠沼駅か江ノ電の鵠沼海浜公園駅にいずれも徒歩一〇分以内です。一四平米のワンルームで月二〇〇〇円です。

東京タワーを眺めながらビールを飲んだり、毎日庭のプールで泳いだり、湘南に住んでサーフィンをしたりと、ドラマのような生活に憧れるなら、ぜひ、公務員になって官舎に入ることをお勧めします。

また、公務員が自分でアパートを借りれば家賃補助が二万七〇〇〇円、家を買えば二五〇〇円の住居手当が毎月もらえます。

これを民間の社宅事情と比べてみましょう。

財団法人労務行政研究所は〇五年に「社宅に関する実態調査」を行ない大企業二七三社から回答を得ました。それによれば、社有や借り上げの社宅がある企業は八割で、その戸数は一社につき四〇から五〇戸で、社員数一〇人に一戸の割合です。そのため、大半の企業が「入居は転勤者に限る」、または「一〇年以内に退去」といった条件を設けています。しかも、独身寮や社宅はリストラでどんどん廃止されており、三年前の四分の一程度に減っていました。

それに対して、国家公務員の官舎は、公務員一〇人につき六戸もあり、場所を選ばなければ誰でも入れます。入居条件は「国家公務員であること」の一点のみであり、一〇年以上同じ宿舎に住み続ける人もたくさんいます。そして、宿舎は廃止どころかどんどん新しく建て替えています。

地方公共団体でも社宅は恵まれています。県庁はどこでも数千戸単位の官舎をもっており、おおむね三分の一が空き家です。地方自治体は箱モノづくりと談合が好きなので、調子に乗ってつくりすぎてしまったのでしょう。

ただし、神奈川県庁では、晩婚化などの影響により、家族向け社宅は余っているのに、独身寮が足りないそうです。県主催でお見合いパーティなど開いたらどうでしょうか。

居住の自由が制限される場合

ところで、いくら家賃が安くてもあまりうらやましくない場合もあります。

それは若い自衛官です。自衛隊法では、「曹長（おおむね三〇代の係長にあたる）以下の自衛官は、大臣の指定する集団的居住場所（営舎という）に居住しなければならない」とあります。家賃はただですが三人部屋です。それも、学校の教室のような殺風景な部屋に、病院のような鉄のベッドが並べてあるだけです。プライバシーはなく、三食つき、大風呂ありですが飲酒は禁止です。掃除やベッドメーキングは自分でします。

海上自衛官にいたっては、艦内居住、すなわち船の中の三段ベッドに住みます。体はなんとか伸ばせますが、揺れるのでネットカフェ住人よりも辛いかもしれません。

ただし、届けを出せば休日は外出できるので、週末用に外にアパートを借りる隊員もいます。ある女性自衛官は、サーフィンをするため、週末は海の近くにアパートを借りているそうです。とはいえ、若い自衛官にとって家賃はけっこう痛い出費のようです。また、結婚すると、外に住めるようになります。

日本国憲法には「何人も、公共の福祉に反しない限り、居住、移転及び職業選択の自由を有する」とありますが、一部の公務員は居住の自由が制限されているのです。

警察や水道、交通など、ライフラインを守る現業公務員も、職場に近い官舎に住むことが多いようです。たとえば、横浜市の水道局では、大雨が降ったりすると、下水処理場にかけつけてもらうため、職員に「命令という形で」官舎に入居してもらうそうです。緊急要員のため、誰でもよいというわけでなく、機械や電気などの専門職でなければ、入居にあたり研修を受けなければならないそうです。

余談ですが、横浜市の中田宏市長が住む市長公舎は、横浜の丘の上にある、敷地一四〇〇坪の豪邸。昭和二年に建てられたフランク・ロイド・ライト風の洋館です。市長は住み心地を聞かれ、

「二階建ての一階が公的スペースで、ホールや会議室などがあるため、いつも表彰式や講習会などが行なわれており、プライバシー的には厳しいところです。二階が私的スペースで2LDK、狭くてベッドが置けないので毎朝布団を上げ下げしています。風呂は本当に狭いです。しかし住まわせていただけるだけありがたいことです」(〇七年の市長定例会見)

と遠慮がちに愚痴をもらしていました。

中田市長はお嬢さんがお二人なのでなんとかなりますが、子だくさんの橋下大阪府知事なら、住めないかもしれません。

官のおこぼれに与る方法

公務員でなくても、官のおこぼれに与《あずか》って割安な住宅に住める方法があります。それは、公営住宅に住むことです。

都営住宅や県営住宅は、公務員宿舎並みに家賃が激安です。たとえば、青山の都営住宅は2DKで二万円といった具合です。麹町、高田馬場といった都心にも築浅物件がありま す。それだけに人気が高く、競争率は数十倍になることもありますし、所得の上限制限があります。

UR（都市再生機構）の住宅もお勧めです。CMで「礼金、仲介手数料ただ」と宣伝しています。UR物件は普通の公営住宅と反対に入居に際して所得の下限制限があり、一定以上の年収か多額の預金（家賃の一〇〇倍）がないと入れません。郊外のファミリー物件も多いのですが、昨今は、

「都心居住の実現という政策目標に沿って都心の物件を供給しています」（UR報道担当）

とのことで、恵比寿や六本木、青山、汐留に億ション並みの高級物件を量産しています。

私の知人が東京港区の新名所、汐留シオサイト内にあるアクティ汐留というURマンションに住んでいます。家賃は2LDK、五六平米で二〇万円だそうです。これでも相場に

比べれば格安なのです。

アクティ汐留にはＵＲの管理部分と住友不動産の管理部分が混在しており、ＵＲ部分が住友部分の半額以下です。住友の一番広い部屋の家賃は二二〇万円にものぼり、できた当時は都内で三番目に家賃が高いマンションでした。

「外から帰ると、窓からは東京タワーがどんと正面に見えます。この夜景ならば二〇万円でもしかたない。反対の部屋なら浜離宮や隅田川を見下ろせます。住人は若い水商売の女性が目立ちます。ＵＲは保証人がいらないので家出してきても住めるからでしょう」（住人）

ＵＲは空きが出れば先着順で入れるので、空き部屋状況を電話でマメにチェックしていればわりあい入れるようです。

また、雇用能力開発機構という厚労省の団体が管理する「雇用促進住宅」というものがあります。こちらはＪＲ京葉線で東京駅から三駅目、潮見駅近くの築浅３ＬＤＫが七万円から、古くてよければ、川崎や鎌倉や藤沢の２Ｋが二万円以下で借りられます。東京二三区内の物件は人気で、なかなか空きが出ないそうです。

国の独立行政法人の整理・合理化で、ＵＲも雇用能力開発機構も民営化や廃止が検討されています。住人にはお得でも採算や費用対効果を度外視して莫大な税金が投じられているのはムダで不公平なためです。もうお得物件の新規供給は見込めず、今ある物件に入っておくのがいいかもしれません。

つくづく、激安官舎に住める公務員はうらやましい限りです。あり余る公務員住宅を払い下げて税金の穴埋めをするか、一般庶民にも貸してくれないでしょうか。

公務員の健康法

一〇月一〇日の晴天率

一〇月の第二月曜日は体育の日です。

九九年までは一〇月一〇日が体育の日でした。祝日を土日とつなげて連休にするという政府の方針で、体育の日が一〇日を外れてから、全国で体育の日に天候が乱れ、運動会や地域のスポーツデーが延期や中止になることが多くなりました。

というのも、一〇月一〇日というのは、統計的に、一〇月のなかでずば抜けて晴天率が高く雨降りの少ない、特別な日なのです。

〇八年は北京オリンピックの年ですが、四四年前の六四年、東京オリンピックが開催されました。開会式に選ばれたのが一〇月一〇日。

「世界的なイベントだからどうしても晴れてほしい」

と、気象庁が過去の統計を調べ、選びあげたのがこの日なのです。オリンピックは、敗戦した日本が国際社会に復興と発展をアピールする絶好の機会だったのです。日程の選び方ひとつとっても、前向きな緊張感が窺えます。

東京管区気象台によれば、過去三〇年の、一〇月一〇日の晴天率は六〇パーセント、雨になった日は一七パーセントにすぎません。それが、翌一一日になると晴天率が二〇パーセントに落ち、雨天率が四三パーセントに跳ね上がります。〇八年の体育の日は一三日です。晴天率も雨天率も三七パーセントと不安です。日帰りハイキングなどは、有給休暇をとって一〇日に行くことをお勧めします。

午後三時のラジオ体操

ところで、読者のみなさんは何か運動をしていますか。

私がお役所に入って驚いたのは、霞ヶ関の厚生労働省にお使いに行ったとき、午後三時になると、放送でラジオ体操が流れてきたことです。さすが、労働安全衛生のおひざもとだけあります。とはいえ、無視して仕事を続ける職員がほとんどでしたが、なかには廊下に出て体を動かす人もいました。

日本国のお財布を預かる財務省でも同様です。

〇七年に民営化された日本郵政では、昼休みの終わり、一二時五〇分から流します。ただ、職員によれば、

「実際に体操している方は見たことないですね」(日本郵政ラジオ体操担当)

日本郵政にわざわざラジオ体操担当者がいるのは、ラジオ体操の権利が日本郵政に帰属するためだそうです。ラジオ体操は昭和三年に逓信省の簡易保険局が制定したものです。そのために郵政省、総務省、日本郵政と権利が引き継がれてきました。使用料を取るのではなく、

「ラジオ体操の健康的なイメージを損なうことや営利目的の使用はお断りする」(同)

という管理をしているだけだそうです。パロディーのアダルトビデオをつくったり、CMで流すことはできません。

効果の高い自衛隊式ダイエット

防衛省では、独自の「自衛隊体操」を行なっています。自衛隊体操とは、ラジオ体操の動きを大きく激しくしたものです。普通のラジオ体操の消費カロリーは一七キロカロリーですが、自衛隊体操は五分で三一キロカロリー、一キロメートルを走るのと同じ効果があ

ります。ビリーズブートキャンプならぬ自衛隊式ダイエットとして定評があります。

私も予備自衛官として研修に参加すると、毎朝屋外に整列してやらされますが、みな、まじめそのもの。澄んだ空気のなかで体を動かすのは気持ちがよく、眠気も吹き飛び気持ちが引き締まります。中年の男性上官が一生懸命腕を回したり足を伸ばしたりする姿はとてもかわいく思えました。そして、体操が終わると国旗掲揚《けいよう》が行なわれます。日の丸に向かって敬礼し、自衛隊の平和な一日が始まります。

お昼休みはランニング

さて、霞ヶ関のお役人の間で流行《はや》っているのは、皇居ランニングです。石原慎太郎知事が始めた東京マラソンをきっかけに、世間ではランニングがブームとなりました。なかでも、皇居のお堀端を一周する五キロのコースは「ランナーの聖地」といわれ、毎週末大勢のランナーで賑わいます。というのも、お堀端は信号がないので止まることなく走れ、四季折々の自然が目に美しいからです。皇太子殿下もたまにここでランニングをします。宮内庁には職員のマラソン部があり、やはりこのコースを走っているそうです。

霞ヶ関は皇居のすぐ南にあります。そのため、国のエリート官僚たちは、ランナーの聖地をいとも気軽に毎日昼休みに走れるのです。私は財務省を取材で訪れた際、一時過ぎにランニングから帰ってきて汗びっしょりの職員を見つけました。そこで、

「私もランニングが趣味なんですよ」

と声をかけ、お話を聞きました。

「このままお仕事に戻るんですか」

「いえ、なかにシャワーがありますから」

どこの役所にも、庁舎内に「警備員用」という名目でお風呂やシャワールームがあるのです。けれども、これからシャワーを浴び昼食をとると、仕事に戻るのは何時なのでしょうか。

厚生労働省の地下には、最新のトレーニング機器をそろえた「マシン室」があります。職員なら使用料は無料で別にシャワールームがあり、勤務時間外に使えるそうです。

厚生労働省には中庭にテニスコートまであります。ただし、もっぱら今は駐車場として使われており、

「一〇年来テニスをしている人は見たことがない」（厚労省福利厚生施設担当）

私のいた厚生労働省の研究所もそうでしたが、国の役所では、郊外の出先機関になると、

テニスコートやゴルフ練習場、野球グラウンドまで完備されています。福利厚生という意味はもちろんあるのですが、それより、「予算を使い切り工事業者にお金を落としたい」というのが本音のようです。

目的は職員の元気回復

宮崎県庁の東国原英夫知事はマラソンが日課です。知事になる前の選挙運動期間から、マラソン姿が報じられましたが、知事になった今も毎日欠かさないそうです。

その宮崎県庁では、職員も始業前の八時二五分と午後三時の二回、オリジナルの「健庁体操」をするそうです。東国原知事の影響ではなく、

「これは、元オリンピックの体操選手だった、前の副知事が職員の健康管理、運動不足解消のために提唱したものです。少なくともウチの課では全員がちゃんとやってますよ」（宮崎県職員課）

宮崎県は、現知事がお笑い芸人、前副知事は元体操選手と、ユニークな人材がそろっています。

石原知事率いる西新宿の都庁にもマシンルームがあります。九年前までは運動会もやっ

ていましたが、今はなくなりました。

財政難にあえいでいるはずの大阪市や茨城県では、庁舎の近くに立派な職員専用スポーツジムをつくりました。ただし、それがマスコミに報じられて批判され、今は一般住民にも開放しています。

地方自治体がこういったスポーツ施設に力を入れるのは、地方公務員法に、

「地方公共団体は、職員の保健、元気回復その他厚生に関する事項について計画を樹立し、これを実施しなければならない」（四二条）

という条文があるためです。

職員の元気回復に配慮するのはとてもいいことですが、財政の元気回復にも同じくらいの注意を払ってほしいものです。

一一月——文化の日／海外からの視察

自治体の美術コレクション

大阪市の倉庫に眠る美術品

一一月三日は文化の日です。

〇六年、大阪市では世界中の美術ファンをあきれさせる事件が発覚しました。大阪市役所が財政難に陥り、破産間近となって「非常事態宣言」まで出したのに、陰でモディリアーニやユトリロ、ローランサンなどの名画を買い漁り、倉庫に隠していたというものです。合計で一五〇億円分にもなりました。

市民の怒りを受けて大阪市はあわて、とりあえずはインターネット上で収蔵作品を公開することにしました。大阪市のゆとりとみどり振興局のホームページにアクセスすると、くだんのモディリアーニの裸婦像がトップページに掲げられ、他の作品の画像も見ることができます。

目玉の作品は、モディリアーニの描いた「髪をほどいた横たわる裸婦」。幅一メートルほどのキャンバスいっぱいに黒髪で全裸の女性が身を横たえ、たわわな丸い胸をあらわに、局部の茂みを手で覆っています。これが一九億円しました。

次の目玉は、小出楢重《こいでならしげ》の裸婦像。氏は日本的な裸婦像を確立したことで有名な画家だそうです。この日本人のヌードが一億円です。

他にも、パスキンの「サロメ」では、色白の少女が全裸で股を広げて腰掛けています。なんともエロチックな作品が目立つのです。しかも、倉庫に隠しもつという点がさらに隠微です。

ゆとりとみどり振興局の主任学芸員に聞きました。

――どうしてこのような絵を集めたのでしょうか。

「モディリアーニは晩年に裸婦像に集中して取り組んだので、彼の作品のなかで裸婦像は完成度が高く芸術的価値の高いものです。大阪市のコレクターの収蔵品から買い上げました。小出は大阪出身ですし、パスキンの絵は寄贈でいただいたものです。裸婦の絵ばかり目立ちますが、これは四〇〇〇点の収蔵品の一部にすぎません」

――四〇〇〇点もあるのですか。

「はい。近代美術館をつくろうと、準備室を置いてからはや一八年になります。その間バブルの崩壊があって計画が飛んでしまいました」

――これだけの世界的な名画を倉庫に放置しておくというのは、とてももったいないことで、芸術に対する冒瀆《ぼうとく》ではないでしょうか。

「よく、お役所では箱モノをつくって中身がないことが多いのですが、大阪市では中身だけ集めて箱モノができませんでした。『箱モノ行政の裏』なのです」

破綻目前まで美術収集

ことの起こりは一九八三年、大阪市制一〇〇周年の折、記念行事の一環として、近代美術館をつくる計画がもちあがりました。すでに大阪には市立美術館があり、府立の現代美術館もあったのですが、計画は動き出しました。市の職員は、用地の買収や所蔵作品の購入を始めます。

ただ、お役所仕事であるため期限などなしにゆっくり進み、土地を買ったのは一五年後でした。その間、世の中はバブル経済の狂乱とその後の不況と、めまぐるしく移りかわる一方、大阪市の財政は赤字の一途をたどります。そして、〇五年に大阪市では公債残高が全国の都市で最多の五兆五〇〇〇億円、住民一人当たりで割ると二〇九万円の借金を抱えるという事態になりました。

夕張市のような破綻を日の前にしてさすがに市長が「非常事態宣言」を発令し、行革リストラの一環で美術館の建設計画は凍結されます。再開のめどは立っていません。

しかし、だからといって、絵を売って借金を減らそうなどと思わないのがお役所の無責任なところです。かくて、世界の名画一五〇億円分が、永遠のお蔵入りになりかけました。

さすがにこのことがテレビで報じられると、市ではとりあえずビルの一室を借りて、収蔵作品の一部を展示しました。ところで〇四年、大阪市内に国立国際美術館が新装オープンしたばかりです。

大阪市のおかしな芸術振興

もう一度主任学芸員に尋ねました。

――新たな箱モノ建設はやめて、倉庫の絵は国立国際美術館に置いてもらってはいかがですか。

「たしかに国立国際美術館に空きはあります。ウチも去年収蔵品をお貸しして展覧会を開きました。でも、市で集めたものを国が取るのもどうかと思います。ウチはあの国立国際美術館の隣に近代美術館を建てる予定です」

市民にとっては、絵が国立美術館にあろうが市立美術館にあろうがあまりかかわりはありません。それより、早く絵が公開され、財政支出も少ないのが一番でしょう。

実は、大阪市というのは芸術振興に変に力を入れています。

大阪のユニバーサル・スタジオに向かう湾岸線の道路を走ると、ガウディの建築物のような、原色をごてごてと多用した、おもちゃの城のような巨大な建物が目に飛び込んできます。これは大阪市のゴミ焼却場です。わざわざオーストリアの芸術家、ソリーデンスライヒ・フンデルトヴァッサーにデザインを頼みました。総工費は六〇九億円です。市民は喜ぶどころか、

「赤字なのにこんな豪華なものをつくる必要があるのか」

とあきれています。

それもそのはず、このような箱モノ行政のつけとして、住民に借金が積み重なっているのです。

海外の公務員たち

韓国からの視察団

「助かりました。これから箱根の温泉に行きます」

韓国労働省の役人二人組は、うれしそうに漏らしました。

「またか……」

彼らの後ろ姿を見ながら、私は心の中で舌打ちをしました。

「こっちだって忙しいんだから、遊びに来るのはやめてよ！」

年末の一一月から一二月にかけて、日本のお役所には韓国から大勢の役人が視察に押し寄せます。厚生労働省の研究所で国際交流の仕事をしていたとき、私はその応接係でした。

でも、一生懸命所内を案内しても上の空です。日本の役所を形だけ訪れて名刺交換し、「視察」のアリバイをつくることが目的だからです。

たとえば、〇七年の一一月には青森県五戸町役場に、姉妹都市の韓国沃川郡庁の公務員と議員ら一五名が表敬訪問に訪れ、キムチ講習会を開きました（デーリー東北新聞社オンライン〇七年一一月六日）。

一二月になると韓国警察のエリート官僚一二名が東京の警視庁と大阪府警を「視察」に訪れました。しかし、四泊五日の日程は、箱根芦ノ湖での遊覧船乗船のほか、平安神宮、清水寺、東大寺、奈良公園、大阪城の観光などで埋め尽くされていました。メンバーのうち五名が夫人と子どもを自費で同行させていたこともわかりました。韓国メディアは、

「予算消化のための観光旅行、税金の私物化」

と批判しました。警察側は当初、

「業務に長く貢献し、苦労してきた職員に対する労いの出張でもあるため、（観光が）含まれているのは間違ったことではない」

と開き直っていましたが、国民の批判が高まり、参加者は途中で観光を自粛しました（朝鮮日報オンライン〇七年一二月五日、六日）。

日本のお役所の会計年度は四月から三月までです。しかし、お隣韓国では、一月から始まって一二月に終わり、年度末は一二月です。韓国のお役所も、日本同様に、年度末を控え、一一月頃からいらない道路工事をしたり、「視察」と称してあちこち観光旅行に出か

けます。海外旅行も多いです。

日本に来るのは下っ端

韓国人にとって、日本は人気の高い旅行先です。〇七年、一〇〇〇万人の韓国人が海外旅行を楽しみましたが、その四分の一は日本に来ました。目的は観光のほかショッピングと温泉巡りです。韓国にも温泉はありますが、火山が少ないので無色透明で街中にあるため、日本の温泉宿に異国情緒を感じるそうです。家族連れや女子大生もやってきますが、役人は「視察」と称して公費で訪れます。

しかし、知り合いの韓国人いわく、

「日本に来るのは下っ端」

だそうです。というのも、

「偉い人はアメリカとか、ヨーロッパとか、遠くが好きだから」

とのことです。

日本の会計検査院にあたる韓国の監査院は、とうとう公務員の海外研修についての監査に乗り出し、「公務員の海外出張は実質ただの観光旅行と化してしまうことが懸念される」

との結果を発表しました。

日本の公務員とそっくりです。

韓流ドラマなみの政界

しかし、海外旅行ぐらいならかわいいものです。

韓国で、〇七年に最も世間を騒がせたカップルは、大統領府政策室長の官僚（五八歳）と、「美術界のシンデレラ」と呼ばれた美人の国立大学女性助教授（三五歳）の不倫カップルでした。エリートたちの仮面が剝がれていく様を、テレビのワイドショーが韓流ドラマさながらに報じ、視聴者を釘付けにしました。

綻びの発端は、八月にこのシンデレラが光州ビエンナーレの芸術監督に任命されたことでした。「彼女のアメリカ・エール大学卒業という経歴はウソだ」という密告が寄せられます。

彼女に疑惑の目が注がれ、やがて、彼女が件のエリート官僚の愛人で、彼からさまざまな便宜を受け、富と地位を得たことが明るみに出ました。二人は〇三年に知り合います。〇五年、彼は、国立大学の理事長に彼女を助教授として採用するよう頼みます。理事長はその見返りに、「自分で寺を建てるので、その寺に国から一〇億ウォン（一億円）以上の交付金をくれ」との密約を取り付けました。官僚はそのとき国の予算担当の長だったのです。しかし、間に入る自治体が交付に反対します。すると、官僚は、

「今後国からおたくの地方への交付税を中止しますよ」

と言って脅しました。

無事、助教授になった女性は、次に、国から補助金を受けて運営されている美術館の学芸室長にも就任します。官僚は、サムソンなどの大企業数社に、美術館に巨額の寄付をするように圧力をかけます。企業側は、

「エリート官僚の要求を拒否すれば、不利益をこうむるのではないかと恐れた」

そうで、総額一億円の寄付金を出します。

女性助教授はこのなかから少なくとも二九〇〇万円（円貸相当額、以下同）を手数料や渉外費用としてピンはねしたほか、二七〇〇万円を横領しました。

彼女はこのように彼の後ろ盾で、政府の委員や大手企業の美術アドバイザーをいくつも兼任し、大手新聞にコラムまで連載する美術界の寵児ともてはやされていました。

彼女は一見知的な美人に見えますが、かつて自己破産したことがあるほどの浪費家でし

た。高級マンションに住んでブランド品の服を着、ＢＭＷを乗り回していました。

検察が助教授のマンションから押収した宝石約六〇〇万円分のうち、五〇〇万円分は官僚からもらった商品券で買ったものだそうです。官僚はその商品券を業者などから賄賂としてもらっていたようです。また、彼女の部屋に飾ってあった絵画は、官僚が役所の備品として買ったものをネコババしたものだということもわかりました。

二人は今、贈収賄罪、職権濫《らんよう》用罪などの罪で逮捕され、同じ監獄の二〇〇メートル離れた男性房と女性房に入っています。

当時のノ・ムヒョン大統領は当初、

「取るに足らない疑惑が一人歩きしている」

として官僚をかばいました。大統領の政策はかねてから公務員寄りで、〇八年度は公務員を三万人大幅増員すると公約していました。官の腐敗と肥大《ひだい》を見過ごす政策運営に国民の不満が爆発し、一二月の大統領選で一〇年ぶりの政権交代が起こりました。ノ・ムヒョンを破って就任したイ・ミョンバク大統領は、すぐに〇八年の公務員の新規採用を減らすと発表しました。

官僚の機嫌をとっておけば、法案をつくってくれて賄賂もまわしてくれ、政治家はラクですが、国民の機嫌をとっておかないと政権から追われてしまいます。日本国の政治家にも肝に銘じてほしい韓国の政変劇でした。

愛人を囲う中国の公務員

中国でも役人の汚職がはびこっています。

中国政法大学の調査によれば、「不正を行なった公務員の九五パーセントが内縁関係を隠しており、不正を行なった幹部公務員の六〇パーセントに愛人がいる」そうです。九九年に広州・珠海・深圳で不正容疑で取り締まりを受けた幹部公務員一〇二人は全員に愛人がいました。

そのため、中国共産党では刑罰を厳しくしています。〇〇年、全国人民代表大会（日本の国会に相当）の副委員長が愛人とあわせて六億円相当の賄賂を受け取っていたことが明らかになると、即座に死刑にしました。

さらに、〇七年には「愛人を囲った公務員は停職または免職」という条例を施行しました。

それゆえ痛ましい事件もおきました。ある幹部公務員がモデルをしていたはどの若い美女を愛人にしました。愛人は子どもを生み、認知とマンション購入と養育費の支払いを求めてきました。応じないでいると「二人の関係をばらす」と脅されました。すると男は部下に命じて彼女の車を公道上で事故に見せかけて爆死させます。彼女は亡くなりましたが、やがて真相が明るみに出て、公務員も死刑になりました。まるでアクション映画のような展開でした。

インターネットの中国語サイトには、愛人をもった罪で処罰された実在の公務員に賞を与え風刺するページがあります。それによれば、

- 「数量的世界記録」江蘇省建設庁長……合計一四六人の愛人がいた
- 「消費的世界記録」深圳市銀行頭取……若い愛人五人と遊びながら八〇〇日間で二七億円を使いこんだ。毎日三五〇万円を使った計算になる
- 「収蔵品的世界記録」海南省紡織局長……愛欲日記九五冊に情事の記録二三六件を書き残した
- 「青春的世界記録」四川省楽山市長……愛人二〇人はすべて一六～一八歳の青年だった

・「精力的世界記録」湖南省通信局長　愛人五人の前で六〇歳まで毎週三回以上の性関係をそれぞれと結ぶことを誓った

というこ とです。

「英雄色を好む」ともいいますが、中国の官僚たちはすさまじい精力です。仕事をする暇やエネルギーが残るのか心配してしまいます。中国では、日本よりもずっと役人に権力が集中し、利権を独占できるそうです。そのため、党の取り締まりにもかかわらず、不正を行ない、愛人を囲う公務員が後を絶たないのです。

清廉度一七位の日本

それに比べて、日本の公務員はかわいいものかもしれません。世界のなかで、日本の公務員の汚職ぶりはどの程度のものなのでしょうか。

トランスペアレンシー・インターナショナル（TI）という国際組織では、毎年、各国の公務員と政治家がどの程度腐敗しているかを順位づけして発表しています。二〇〇七年の日本の順位は一八〇カ国中、清廉度が一七位でした。一位はデンマーク、イギリスは一二位でドイツが一六位、フランスが一九位、アメリカが二〇位、韓国が四三位、ブラジル、中国、インドが七二位に並びます。最悪は反政府デモの取材で日本人ジャーナリストが銃殺されたミャンマーと、内戦の続くソマリアでした。

調査は各国の識者と実業家に対するアンケートをもとに行なわれます。

ＴＩが行なった調査では、過去一年間に賄賂を支払った経験がある人は、全世界平均で一三パーセントですが、日本は一パーセントにすぎません。アフリカは四二パーセント、アジア・太平洋平均で二二パーセント、ラテン・アメリカで一三パーセントです。

アメリカ人のやる気

外国と比べると日本は賄賂は少ないようです。ただ、喜んでばかりもいられません。日本では、賄賂ではなく、各種の目的税や高い物価という形で、合法的に広く薄くお役所や企業にピンはねされています。

たとえば、車検について考えてみましょう。

日本では、車検のたびに自動車税だの重量税だの自賠責などの法定費用が一〇万円もかかります。これらの金は「道路特定財源」としてムダな道路の建設にも使われ、建設主である天下り法人の給料という形で官僚に、建設業者からの献金という形で政治家にお金が分配されます。自賠責は保険料が貯まり続け、「霞ヶ関埋蔵金の一部」などと批判されてようやく〇八年から数千円下がることになりました。アメリカでは自動車重量税などなく、ガソリン税も安く、高速道路はほとんどが無料です。ビール一缶の値段のうち日本では七七円が税金ですが、アメリカではその十分の一です。

そんなアメリカでも、公務員のやる気のなさは深刻な問題になっています。

〇一年九月一一日の同時多発テロが起こる三週間前、ＦＢＩ（連邦捜査局）ミネソタ支局の女性捜査官、コリーン・ローリー氏は移民法違反で逮捕した被疑者にテロリストの疑いがあるとして、被疑者のパソコンをあける令状を申請して却下されました。後に、この被疑者は同時多発テロの実行犯グループと非常に近い関係にあり、自身も飛行機の操縦学校に入学を申し込み、

「離陸の技術は必要ない」

と言ったり、不審な行動をとっていたことがわかりました。ローリー氏は、テロ後にＦＢＩ長官や上院議員に、

「職務怠慢《たいまん》である」

と怒りの手紙を書き送り、議会やマスコミで証言し、「勇敢な内部告発者」としてタイム誌の表紙を飾るまでになりました。

ただし、ＦＢＩの怠慢ではなく、アメリカが日本軍の真珠湾攻撃を事前に知っていたように、ブッシュ大統領はテロの情報を持っていて、あえて止めなかったと見る識者もいます。アメリカでは軍事費に年間五五兆円相当を投じており、軍需産業には巨大な利権が絡みます。戦争を起こすと得をする人たちがいて、そのような人が政権に圧力をかけているのです。

役人腐敗の行く末

日本では、〇七年、防衛省の守屋武昌前次官が防衛専門商社の山田洋行や日本ミライズから数百万円に及ぶ賄賂とゴルフ接待を受けていたことがわかりました。守屋次官は、これらの業者から市価の倍といった割高な価格で数百億円分の武器を買うよう部下に圧力をかけました。さらに、業者から頼まれ、日本に長射程ミサイルを配備するよう画策しました。しかし、日本は専守防衛のため、攻撃をしかけてきた敵を追い払うための短距離ミサイル砲や外国からミサイルが飛んできた場合に迎撃するミサイルは配備してありますが、長射程ミサイルは不要なはずです。さすがに部下が必死で止めて、計画は流れました。

けれども、もし守屋氏のスキャンダルが発覚せずに、防衛省の天皇といわれた氏の威光が続いていたなら、今から数年後、日本は長射程ミサイルを配備する事態になったかもしれません。隣国の中国や韓国は、腐敗官僚がゴルフ接待と引き換えに買ってしまったなどとは夢にも思わず、「日本帝国主義の復活である」などと脅威を感じることでしょう。反日キャンペーンが始まり、本当に戦争になってしまうかもしれません。

日本が第二次世界大戦につき進んでいくとき、政府幹部も識者も「勝てるわけがない」とわかっていながら、省益の維持と拡大しか考えない軍部に押し切られ、戦争の泥沼にはまっていきました。

私の父は大学受験のための浪人中に徴兵されて中国戦線に送られ、私の母は広島に疎開していてすんでのところで原爆にあうところでした。

私が政官業の癒着や公務員の腐敗を監視し取材を続けるのは、役人が国民を破滅させたあのような戦争を、二度と起こしたくないという願いからでもあります。

一二月——冬のボーナス

公務員と賞与

年金消えても賞与減らず

毎年一二月一〇日は、公務員の冬のボーナスの支給日です。国も地方も、全国津々浦々の公務員にいっせいに支給されます。

民間と違い業績とは無関係、財政が赤字であろうが、不祥事があろうが、関係なく満額支給されます。

社会保険庁では、〇七年の春、ずさんな管理により五〇〇〇万人分の年金記録が消えていたことが発覚しました。職員に照合を求めても面倒がって拒否したので、一〇〇〇億円かけて業者に名寄せプログラムをつくってもらうことになりました。社保庁では、さすがに国民感情に配慮して、六月のボーナスの一部を自主返納するよう職員に呼びかけました。

職員は渋りましたが、塩崎恭久官房長官（当時）が、

「返納に応じないなら社保庁の改組の折、採用しないこともある」

と脅すと、九割の職員が一人平均八万円のノルマに応じ、OBも協力して計一五億円が回収されました。

その後、安倍晋三首相（当時）は、夏の参議院選挙の演説で、

「来年三月くらいまでに最後の一人、最後の一円まで確実に照合してきちんと払う」

と公約しました。

しかし、冬になると、五〇〇〇万件中一〇〇〇万件は特定不可能ということが明らかになりました。

舛添要一厚生労働大臣と社保庁は、これを一二月一〇日のボーナス支給日まで伏せておきました。冬のボーナスまで自主返納させられるのは御免だと思ったのでしょう。こうして、職員は一人平均一一〇万円（〇六年度国家公務員ボーナス支給実績から推計、平均四一歳）、ボーナスを満額もらったのでした。

そして、翌一一日、舛添大臣が、

「（職員の管理が）ここまでずさんであるということは想定外だった」

と完全照合は困難であるとの事実を発表しました。

不祥事あっても満額支給

年金記録の消失、年金流用、絶え間なく不祥事が発覚し続けている社保庁ですが、若いまじめな職員にとっては、夏冬連続のボーナス一部返納は酷でしょう。しかし、これが民間企業なら、ボーナスは支給なし、会社がつぶれてもおかしくない状況で、トップはたいてい引責辞任します。

〇七年に発覚した主な不祥事の主人公たちを振り返ってみましょう。

まず、守屋武昌前次官が三〇〇回をこすゴルフ接待を受けて、特定の業者から市価の倍ほどの高値で一七四億円分の武器を買っていた防衛省。担当部局の職員も相場より高いことは知っていたと言います。しかし、職員による内部告発でなく、前次官とけんか別れした業者による暴露で不祥事が明るみに出ました。さすがに前次官は逮捕されましたが、職員たちには満額のボーナスが支給されました。

また、不正を見抜くべき立場にありながら怠っていた財務省や、会計検査院の責任も問われていますが、両省庁ともボーナスは満額支給です。

薬害肝炎を拡大した責任を問われた厚生労働本省も満額支給です。

農林水産省の天下り法人、緑資源機構では業者に工事を発注する際、自ら談合を仕切って天下り受け入れなどの見返りを受けていました。緑資源機構から政治献金をもらっていた松岡利勝農林水産大臣は自殺しました。機構は廃止されることになりましたが、職員はリストラなしに別の組織に移籍することが決まっています。廃止の日まで、ボーナスは満額支給されます。

民間企業と比べたら

さて、民間の場合はどうでしょう。

肉の産地偽装や賞味期限を改ざんした北海道の食肉加工会社ミートホープ社は、解散して職員はボーナスどころか全員解雇されました。

アメリカでは、信用力の低い個人向け住宅融資（サブプライムローン）で巨額損失を計上したモルガン・スタンレーの会長が責任をとってボーナスをすべて返上しました。

つくづく、日本のお役人とは無責任で気楽なものです。

それでいて、ボーナスの額は民間企業に比べて決して少なくはないのです。

財務省が公表した、〇六年度の国の決算書にある人件費を国家公務員数（防衛省を除く）で割ると、国家公務員の平均年収は八一四万円でした。これを人事院が公表するモデル給与の配分にあてはめると、公務員はおおよそ四一歳で月給五〇万円、ボーナスは夏が一〇四万円、冬が一一〇万円というのが平均値となります。なお、人事院では〇七年一二月のボーナス額を平均六九万円と発表していますが、これは管理職を除いたものです。

では、民間のボーナスはいくらくらいなのでしょうか。

日本経団連がまとめた〇七年冬の大手企業のボーナス妥結状況は、二一業種一九三社の平均で八九万円でした。過去最高値だそうです。業種別では、鉄鋼が一一〇万円、自動車が九八万円、製造業が平均八九万円、非製造業も八九万円でした。

中小企業では厳しい状況です。京都中央信用金庫が行なったボーナス調査では、府内の中小企業では、そもそも「支給する」というところが前年比六パーセント減の六九パーセントしかありません。支給額も、最多は二〇〜三〇万円台（〇・六〜一・五カ月分）です。

ゴールドマンサックス証券が〇六年一二月に支給したボーナスの平均は七三〇〇万円、新入社員でも一一七〇〇万円だったそうです。サブプライム問題が発覚する前で、都心の大規模の地上げに次々に成功し、外資系金融機関の景気が最もよかった年でした。けれども、外資系企業も平均にならせば日本の大手企業と同じかやや低いくらいです。

学生に公務員が人気なのも道理です。しかし、公務員に財政に見合わないボーナスを与え続けるなら、日本国の未来は危ういでしょう。

民間企業では、会社の業績がよくなればボーナスは増え、悪くなれば減ります。しかし、お役人は、財政は悪化する一方なのにボーナスは減りません。

民間には言えないボーナスの数字

私が最後に国からボーナスをもらったのは〇一年の冬でした。私の職場は労働問題の研究所で、運営費用は雇用保険料があてられていました。当時、長引く不況で失業者が増え、バブル景気時代に貯まる一方だった雇用保険料の原資が枯渇《こかつ》する危機にありました。厚生労働省は、雇用保険料を引き上げ、支給額を切り下げました。そんな厳しい状況なのに、ボーナスの支給額は増えました。足りない分は財務省に頼めば、税金から補塡《ほてん》してもらえたからです。ボーナスの妥結額を知らせる労働組合のちらしには、

「民間は厳しい状況にあり、外にはとても言えない数字だ。それを承知での回答だということをご承知いただきたい」

という使用者側のコメントが書き添えてありました。当時は、不況で物価が下がるのに公務員は給料もボーナスも上がる一方で、豊かさが加速的に増していました。考えてみる

と、車やテレビなどの電化製品は、メーカーの競争と経営努力で、機能が増えて価格は下がる一方です。都心や一部の人気エリアを除き、マンションや土地までもが値下がりしました。しかし、税率や年金保険料率は下がらず、少しずつですが上がる一方なのは、やはり役所の経営努力が足りないのです。

基本的に、財政が赤字のうちはボーナスをなしにしてはいかがでしょうか。少なくとも過去の借金の返済分を除いた、単年度の収支（プライマリーバランス）が赤字のうちはボーナスを支給するべきではありません。社会保険庁のように、職員のずさんな仕事ぶりによって追加費用がかかるなら、相当額分をボーナスから引くべきです。

「そんなことをすれば優秀な人材が役所に集まらない」

という意見がありますが、別に今でもよい人材は集まっていません。今の役人は、資質はよいのかもしれませんが、業績において優秀とはとうていいえません。本当に優秀なら、社保庁や防衛省のような不祥事や先進国中最悪の財政赤字を引き起こすことはなかったはずです。

民間企業なら、売上げから経費を引いて出た利益から、賞与を計算します。お役所の運営が経済原則から外れているのはしかたがないにしても、常識まで外れているのは問題です。

せめて来年は、社保庁のボーナス一一〇万円を半分にしてはいかがでしょうか。

公務員と査定

査定にまつわる心労なし

ところで、公務員が気楽な理由のひとつに、ボーナス前の査定がなく、同期ならみな同じ額のボーナスがもらえることがあります。

日本経済新聞が〇七年に行なった調査では、同期入社のボーナス支給額に「五〇パーセント以上の差がつく」と回答した企業が四八パーセントもありました。成果・実力主義が普及し、「できる人」と「できない人」のボーナスの差は倍にも開きます。

査定というのは、サラリーマンにとって悲喜こもごもの一大事です。

私は民間企業でＯＬをしていたことがあります。

ボーナスの季節が近づくと、まず自己申告の業績評価シートが配られ、成果を自分で書き込みます。次に、課長と面接をして査定され、結果を部長がチェックします。自分ではけっこうがんばったと思ってもよい評価につながらず涙したり、「柔軟性がない」「協調性がない」などと思ってもみないところでマイナス評価をつけられ落ち込んだり、「男女差別だ」「できる部下へのひがみ」などと憤ったり、「上司はコネやゴマすりに弱いよね」と同僚と愚痴りあったりしました。

ライバルがいくらもらっているのかも気になります。意地悪な課長の査定を部長が「これは厳しすぎる」と修正してくれたこともあります。部のボーナス原資は限られているので課員間の奪い合いだとも教えられました。しかし、額に不満はあれ、実際にボーナスが振り込まれると、みなたいていホクホク顔で使いみちを考え幸せになります。ただし、額が少ないと会社を辞めたくなる人もいます。ボーナスの査定が行なわれる六月と一二月は、異動が発表になる三月に次いで、サラリーマンの心が揺れる時期なのではないでしょうか。

しかし、お役所に転職してからは、一切その心労がなくなりました。公務員には査定がないのです。

国家公務員法で「勤務評定をする」と決められているのですが、労働組合が激しい反対闘争をくり広げたため、もう数十年行なわれていないのです。私の職場は国の研究所だったので、国に準じて査定がありませんでした。すると、年功序列で年次が同じならみな同額、とても気楽でした。四〇代で課長への昇進時期に差がつき、給料が多少違ってくるのですが、それまでは平等です。ただ、毎日遅刻して、就業時間中にコンピュータゲームをして、仕事もミスばかりといった人もいて、逆に不公平感をもったものです。ここで、多くの公務員は、

「じゃあ、自分も手を抜こう、ラクにやろう」

という方向に流れます。

これではまずいと、〇七年夏の公務員制度改革で、〇九年までに人事評価を始めることになりました。

自己申告の甘い評価

ただし、すでに査定のある公務員もいます。

総務省による〇六年の調査によれば、都道府県庁と政令指定都市の市役所では、勤務評定が行なわれています。その他の市役所と町村役場二四〇四のうちでは、勤務評定をしているのは五割強でした。地方公務員法では勤務評定をすることが定められているのですが、守っていない自治体は、

「顔見知りを評価するのは抵抗がある」

と、民間企業なら許されない言い訳をしています。

総務省では、

「公務員だからといって年功序列が許される時代ではなくなった」

として、勤務評定を行なうよう指導をしていくそうです。しかし、その総務省自体が、国家公務員法を無視して勤務評定をやっていないのです。自治体としては、

「あんたに言われる筋合いはない」

と舌打ちをしていることでしょう。

日本は法治国家のはずですが、お役所というのは、公務員を律する法律が守られていない無法地帯なのです。

査定が行なわれている自治体でも、やはり公務員は気楽です。

というのも、自己申告中心でとても甘い評価となり、ボーナスへの影響はわずかだからです。

〇八年にタレント弁護士の橋下徹氏が府知事となった大阪府では、一般行政職員約一万人を対象に行なった人事評価の結果をインターネットのホームページで公表しています。

それを見ると、成績の分布は次のようでした。

A　非常に優れている、優秀さが際立っている　一三パーセント
B　優れている、担当業務に要求される水準を超えている　五三パーセント
C　良好、業務を支障なく遂行することができる　三三パーセント
D　やや劣る、要求水準に達していない部分がある　一パーセント
E　劣る、業務に支障が生じている　〇・〇四パーセント

大阪府は、〇四年からこの〇六年度までの三年間に、総額二六〇〇億円分も赤字を少なく見せかけ粉飾決算を行なっていたことが、〇七年末に明るみになりました。本来、〇七年に北海道の夕張市のような財政再建団体に転落していたはずだそうです。

こんな大阪府の職員の七割が「優秀さが際立っている」と「優れている」職員で占められているとはとうてい思えません。

ともかくも、粉飾決算と大甘な評価で、大阪府の職員には〇六年一二月期、一人平均九九万円のボーナスが支給されたのです。ちなみに、査定はボーナスに多少跳ね返りましたが、同期の間の差は最大でも九万円にすぎないそうです。

税金を平等に大目に切り分ける

査定の手順は、本人が自己申告票を書いたうえで上司が「育成ニーズ記録票」に研修や異動の希望を書き入れます。それを見ながら上司が成績評価を行ないますが、ボーナスに反映する査定部分は本人に口頭で伝えなければなりません。評価は相対評価でなく絶対評価なため、A、Bが乱発されます。それでもなお不満をもった職員は人事室職員などを「苦情相談員」として指名し、評価者と話し合うことができます。

さらに「苦情処理委員会」「苦情処理共同協議会」「人事委員会」でも相談を受け付けています。敗者復活体制は万全です。

ここまで職員が守られているのは、労働組合のお陰です。

大阪自治労連の研究集会の議事録には、次のように書いてありました。

「上司が一人一人の労働者に勝手に『成績』をつけて賃金・昇任・昇格を決めようとしています。(中略、税務署の職員が滞納分を回収するなど)住民いじめの仕事を推進することが『いい評価』を得る基準となることは間違いありません。すでに東京都の税務職場では、毎年職員全員が滞納整理の数値目標を書かされ、目標以上に達成した職員が表彰されて昇任・昇格するようになっています。自治体労働者は賃金や雇用で脅しをかけられ、サバイバル競争を強いられることになります」（第一四回大阪地方自治研究集会基調報告〇四年）

こういった理屈で反対し、それでも査定の導入やむなしとなると、苦情処理システムを整え、評価はしてもいいがなるべくボーナスに反映させないということでやっと折り合ったのです。

民間企業の場合、ボーナスとは利益というパイを労使で分け合うものです。おもに使用者が労使交渉と査定というナイフで切り分けます。公務員の場合は、税金というパイを分け合うのですが、労使仲良く、査定をせずに、職員全員に平等に大目に切り分けます。足りない部分は借金で原資を追加すればいいのです。

民間のように売上げという指標がないので査定が難しいということもあります。赤字財政のなか、コスト削減という指標を査定項目に入れるべきです。

しかし、私が厚労省の研究所に勤めていたとき、海外出張用に格安航空券を買ったら、「出張はビジネスクラス、正規料金と決まっている。こんなことをしたら他の人も格安で行けと言われてしまうじゃないか」

と部長に怒られました。

民間企業では売上げを伸ばすと査定がアップするように、役所では予算を多く使うと出世するのです。

まずこの意識を改め、節約と財政の黒字化を第一の目標に掲げるよう役所の意識変革をしなければなりません。

一月——成人の日

公務員の給与と手当

子どもの成人祝い手当

一月の第二月曜日は成人の日です。

これは、昔、旧暦の一月一五日に元服の儀が行なわれていたことに由来します。今では、「おとなになったことを自覚し、みずから生き抜こうとする青年を祝いはげます」(国民の祝日に関する法律より)日となっています。

〇七年の一月、財政破綻した夕張市では成人式を祝うゆとりがなくなり、新成人たちが手づくりの成人式を行なうはめになりました。市から予算を一万円しかもらえず、可憐《かれん》な女子学生が涙ながらに募金を集める姿が全国に報じられ、けなげさに多くの同情が集まりました。

しかし同じ頃、一部の自治体では、一八歳になった子どもをもつ公務員に、「子どもの成人祝い手当」を配っていました。

大阪府内の市町村職員五万六〇〇〇人が加入する大阪府市町村職員互助組合では、会員に子どもができると出産準備金が五万円、幼稚園の入園祝いが二万円、小学校の入学祝いが二万円、中学が三万円、高校が四万円。一八歳になれば成年祝金が三万円もらえます。他にもいろいろな祝い金があります。

互助組合というと、本来会員が会費を出して助けあう組織ですが、この互助会では、資金の六割を自治体に出してもらっていました。税金で公務員だけにご祝儀を配っているようなものです。

公務員には、このように、世間の常識水準を超えたさまざまな手当が支給されています。とくに、県庁や市役所、町役場・村役場では、条例でどんどん勝手なご当地手当をつくり、給与の上乗せを図っています。

〇六年に会計検査院が行なった調査によれば、全国で少なくとも五六〇七の不適切、不必要、時代にそぐわない手当があり、その総額は六六七億円分にものぼるそうです。

そんな手当の一部をご紹介しましょう。

独身手当

神奈川県の川崎市役所では、勤続一五年以上の職員が独身のまま満四〇歳になると、互助会から現金七万円がもらえます。正式には「特例祝い金」といいます。結婚した職員には祝い金が払われるので、独身と既婚の不公平をなくすための調整金だそうです。原資は職員の積立金ですが、三年前までは市が同額の補助金を上乗せして一四万円ももらえました。さすがに市民の批判を受け、市の上乗せ分はなくなりました。

出世困難手当

同じく川崎市役所では、出世できない職員に対しても手当を出していました。係長を五年やっても課長になれない職員を内々に「困難係長」と呼んで課長に準じる給与を払っていました。同じように、課長になってから五年たっても部長になれない職員を「困難課長」と呼んで部長に準じる給与を払っていました。〇六年度は困難課長が六七人、困難係長が八五三人もいました。川崎市では、

「部課長ポストが少ないための救済策だった」（川崎市総務局労務課長）

と言い訳しましたが、市長事務部局の職員九〇〇〇人ほどに対し、もともと部長ポスト

は一六〇、課長ポストは五五〇ほどもありました。さすがに、「このような制度は今日的に認められない」(同)として、〇七年度から困難課長と困難係長の手当を廃止しました。

窓口手当

ハローワークの窓口で働く公務員がもらえます。月数千円から一万円程度で、「失業者に接するため精神的緊張がきわめて高い」という理由です。けれども、私が近所のハローワークを訪れてみると、失業給付をもらいに来る求職者は、おずおずと礼儀正しい人ばかりでした。そのうえ、今どき、求人情報はハローワークに備え付けのパソコンで求職者が自分で検索するので、職業紹介の職員は緊張どころか、暇そうにあくびをかみ殺していました。

旅行手当

国でも地方でも、公務員は距離にして八キロメートル以上、もしくは時間にして五時間以上の外出をすると「旅行手当」をもらえます。たとえば、霞ヶ関の本省から、地下鉄で三駅離れた大手町に行っても、一〇〇〇円近い手当をもらえます。在勤地内旅行手当といって、市内交通費と昼食代の一部を補塡するものです。吉祥寺や横浜に遠出すれば額は一・五倍に増えます。民間企業なら、営業やお使いで毎日手当なしに動く距離です。

寒冷地手当

国では「北海道および北海道と同等」の寒い地域で働く公務員に、一一月から三月まで、暖房費として「寒冷地手当」を支給しています。家族の人数や寒さの程度にもよりますが、世帯主で月二万円ほどです。北海道の冬の平均気温は氷点下、寒いところだと零下二〇度まで下がり、灯油代もばかになりません。民間企業でも北海道では暖房代を補助したり灯油を現物支給するところがあります。

ところが、役所の場合、「北海道と同等」として寒冷地手当を払う範囲があまりに広いのです。東北、北陸、信越地方はもちろん、関東や関西の山間部、南限は和歌山、西限は広島にまで及んでいます。その結果、全国家公務員の五人に一人が毎冬寒冷地手当をもらっているのです。

ひたすらよくなる労働条件

それにしても、なぜこんな手当が認められるのでしょうか。私にも思いあたる節があります。たとえば、私は既婚者に扶養手当がつくのは不公平だと思いました。既婚者は男女問わず育児を理由に残業を断り休みを取りたがるので、独身者にしわ寄せがくるのです。独身者に手当が欲しいくらいです。それで、労働組合で、

「扶養手当を廃止して基本給を上げて欲しい」

と言ってみました。けれども、これは既婚者の既得権を脅かすことになるので通りません。

「では、独身者にも特例祝い金をつくりましょう」

ということになります。労働組合は、職員の労働条件の向上が目的なので、

「非常識な手当、時代遅れの手当は返上しよう」

などとは思わないのです。労働条件はよくなる一方です。民間では働き以上の給料を払えばつぶれてしまいますが、お役所は倒産ということがないので、歯止めが利きにくいのです。

そして、ひとつの役所で要求が通ると、横並びでどんどんよその役所もまねをします。

地元の水準より割高な給与

では、手当を含めて公務員はどれくらいの給料をもらっているのでしょうか。〇六年度の国家公務員の平均年収は七一二万円でした。これは私が国の決算書から計算した支給実績です。財務省によれば、国家公務員の人件費総額は四兆円。うち、基本給が二兆六〇〇〇億円、手当分が一兆四〇〇〇億円あります。公務員は一般の公務員が約三二万人、この他に自衛官が二四万人います。

一般公務員と自衛官の平均はかなり違います。一般公務員だけの平均は八一四万円、自衛隊員が職員の九割を占める防衛省の平均は五九三万円でした。というのは、自衛官には付属学校の生徒や、二、三年で任期が満了する若い隊員も多く含まれ、定年がおおむね五四歳と早く、平均年齢が若いためです。ただ、自衛隊では被服貸与《たいよ》、三食付き、独身なら ば営内居住が義務付けられ、三人部屋ですが家賃はただなので、けっこうお金は貯まります。

人事院では、自衛官もひっくるめ、残業代を除いた平均年収を六一九万円（〇七年）と発表しています。残業を入れた額を隠すのは、おそらく、「高い」と批判されるのを恐れているのでしょう。

地方公務員の平均年収は公表されています。〇六年度は、東京都で八〇一万円、全国平均で七〇〇万円台でした。青森県や沖縄県では、地元の民間の賃金水準に較べてかなり割高です。ただし、夕張市では、財政破綻後に激減して四〇〇万円台となりました。

これは、民間企業に比べてどうなのでしょうか。

国税庁の「民間給与の動向調査」によれば、民間従業員の年収の平均は、〇六年で四三五万円、資本金が一〇億円以上の大企業の平均でも六一六万円（男性七三三万円、女性三〇七万円）でした。公務員の給料はやはり高いことがわかります。しかも公務員は、官舎が格安、不況もリストラもなく、退職金や年金が多い、といったおまけがつくのです。

みどりのおばさんの年収八〇二万円

公務員の厚遇といえばエリートの天下りが有名ですが、エリートではない、現業職員と事務職員もぬくぬくと厚遇なのです。

まず、現業、すなわち技能・労務職員の給料についてお話しましょう。

みなさんは、「みどりのおばさん」を覚えていますか。小学校の登下校時に、横断歩道で旗をもって、学童の誘導をしてくれる人です。朝一時間、午後二、三時間の仕事ですが、実は、高給取りの地方公務員です。東京都練馬区の「みどりのおばさん」の平均年収は八〇二万円（〇六年度）です。区ではその理由をこう説明しています。

「子どもたちが校外学習に出るときの引率や、学校の草取りや落ち葉掃きも手伝います。夏休み中もプール指導がある日は道路に出ます」（練馬区教育委員会）

給食調理員もやはり高給です。東京都町田市の給食調理員の平均年収は七二八万円（〇六年度）でした。仕事はおおむね午前中で終わるうえ、一年の半分は給食がなくて暇そうなのですが、市では次のように釈明しています。

「午後は残菜の処理をして食器を洗い、反省会をします。夏休み中は食器の汚れを磨いたり、普段できないところの掃除をします」（町田市教育委員会）

清掃職員も高給取りです。大阪市では、年収一〇〇〇万円をこえる清掃職員が何人もいます（大阪市環境事業局調べ　〇七年）。

現業職員の高給は、仕事に見合ったものでしょうか。

大阪のテレビ局、毎日放送では、兵庫県宝塚市のごみ処理施設や学校調理室にテレビカメラを向けて職員の様子を隠し撮りしました。すると、清掃職員は午前中の二、三時間でごみ収集を終え、給食調理員も実働は一日四時間ほどでした。いずれも、後の時間は休憩室で休んだり、大胆にも勤務時間中に家に帰っていました。パートやアルバイトではなく、フルタイム職員の行状です。すべての自治体がこうではないのでしょうが……。

また、神戸市バスは巨額の累積赤字を抱えています。原因の一つは人件費です。〇六年度の運転士の平均年収は八九〇万円、三割が一〇〇〇万円をこえ、最高は一二九〇万円でした（神戸市交通局調べ）。

公用車の運転手になると、バスに比べて年収は下がりますが、仕事は楽です。町田市の公用車運転手は、平均年収八〇五万円（〇六年度）で「一日の平均走行キロは三〇キロ」（町田市人事課）だそうです。それに比べ、東京都内のタクシー一車一日あたりの平均走行キロは二六七キロ、運転手の平均年収は三七九万円でした（ハイヤー・タクシー年鑑〇七年版）。

総務庁が〇六年に「都道府県、政令指定都市の技能労務職員等の民間類似職種との給与の比較」を行なったところ、月給額だけをとっても、公務員のほうが平均で民間よりも一・五倍から一・九倍も高いことが明らかになりました。

役人に役所の改革は無理

事務職員はエリートでなくてもどんどん昇給します。国家公務員においては、行政職、すなわち一般事務職員の三八パーセント、地方公務員においては、六〇パーセントが、課長補佐以上の管理職です。すなわち、地方自治体においては三人に二人が管理職です。役所では、課長補佐になると管理職手当がつくのです。

それに比べて民間では、従業員規模一〇〇人以上の会社で、課長級以上の人は九パーセントしかいません(連合総研『「二〇〇五年賃金構造基本統計調査」による賃金分析』)。

これは、公務員の場合、

「出世や昇進に差をつければ職員の間でしこりが残ったり、人事に恨みをもつ」(ある県の人事課職員)

といった理由で能力に関係なく年功で昇格させてもらえるためです。これまで何度も問題になりましたが、一向に改善の見込みはありません。

役所の改革を公務員にやらせても、すべて骨抜きにされ、実のある成果は得られないのです。

国滅びても厚遇あり

さらに、〇六年から、各地の自治体で団塊世代の公務員の退職金を払うための地方債の発行が始まりました。〇七年度には、全国で五九〇〇億円もの退職手当債が発行される予定です。

「国滅びて山河あり」でなく、「国が滅びそうでも役人の厚遇あり」です。

非常識な厚遇を正す手立てはないのでしょうか。あることはあります。ひとつは、夕張市のようにいったん破綻することです。しかし、これは住民の不便もともないます。

また、マスコミに報じられ、住民が批判の目を向ければ、非常識な手当は、少しは減っていきます。でも、一番有効なのは、政治家が指導力を発揮して行革を断行することです。

これについては、次項でまたお話ししましょう。

二月——議会

役人と政治家の関係

国会の台本を書く公務員

二月になると、国会や地方議会が佳境に入ります。一部の公務員は夜遅くまで残業になります。なぜなら、議会で議員たちが話す「セリフ」を書かなければならないからです。

前鳥取県知事の片山善博氏は、〇七年、政府の地方分権委員会の場で、

「ほとんどの議会は八百長。シナリオを決め、それを読みあう学芸会が全国の自治体議会で行なわれている」

と痛烈に批判しました。さらに、

「一番ひどいのが北海道議会だ」

と名指ししました。

議会のシナリオを書くのは公務員です。議員がシナリオにない発言をしようとすると議長に止められます。〇四年、千葉県の白井市議会では、事前通告にない質問をした議員に

対し、

「品位に欠ける」

と懲戒処分が下される始末でした。

片山氏に「一番ひどい」と言われた北海道議会でも、かつては自由な論議が行なわれていました。しかし、八〇年代、議員の厳しい追及に道庁が答弁できず、議会が空転するようになりました。困った道庁は、議員にあらかじめ質問の内容を聞いて答えを準備し、答弁についても与野党双方の議員が納得するように一字一句をすり合わせるようになりました。こうして、議会は、議員と役人が事前に合意した原稿を読みあう場に変わりました。

やがて、議員が手を抜き、公務員に何もかも任せるようになります。今では質問自体、公務員につくってもらう議員もいます。議会は公務員がつくった台本を読む場になりました。

片山氏の批判に対して、道庁では、

「議会の円滑な運営には一定の事前調整が不可欠」

と、抗議しています。

役所側も、担当の公務員が、使命感をもって、住民のためになる答弁を書いてくれることもありますが、上がチェックをして役所の都合のいい台本に書き換えてしまうのです。

情報提供と入札の便宜で懐柔

「議会は、議論などしないで、公務員のもってくるものに丸をつけるだけ。公務員の懐柔《かいじゅう》策《さく》には勝てんわ」

愛知県名古屋市の市議会議員、則竹勅仁《のりたけくにひと》氏もため息をつきます。氏は〇三年に月一〇一万円の歳費のほかにもらえる日当の受け取りを辞退する運動を始めたところ、所属する民主党から仲間はずれにあい除名されてしまいました。今は一人会派でがんばっています。

公務員による懐柔策とはどういうものなのでしょうか。

「一つは、情報提供です。役人は住民の個人情報を含め、現場に根ざした行政情報をもっている。議員は情報がなければ、問題の分析も解決も政策提言もできない。公務員と仲良くしておけば、いい情報が入ります。そうでない議員には、露骨な嫌がらせでわかりにくく書いてくる。

もう一つは、入札の便宜です。役人は競争契約にするか随意契約にするかも含めて入札の決定権をもっています。議員は支援してくれる業者に口利きを頼まれる。議員が公務員に頼めば、その業者を入札に参加させたり、随意契約で指名してくれます。そうすれば、業者は議員に献金をしてくれたり、選挙を手伝ってくれる。

名古屋市では、一番利権を握っているのは与党の自民党だけど、民主党も自民党のマネして役人の言いなりですよ」

○七年には、宮崎県旧北浦町（現延岡市）の助役が、町議の住民税を半額にまけていた容疑が発覚しました。助役は取調べ中に自殺をしてしまいました。議員の滞納を取り立てないという形で役所が便宜を図ることもよくあるようです。

議会を支配する「官僚内閣制」

国会議員も官僚の言いなりです。

○七年から行革推進担当大臣を務めている渡辺喜美衆議院議員は、こう言います。

「日本は議院内閣制でなく、『官僚内閣制』だという識者がいるが、言いえて妙だ。議員は選挙もやらなきゃいけないので、自分で法律を書けと言われてもできない人がほとんど。結果、官僚がつくってくる法案を国会で承認してやることになる。官僚の下請け業者のような政治家もいますよ」

この話を聞いたのは、霞ヶ関の内閣府の建物の中にある大臣室でした。一〇〇平米はあろうかという広い個室です。インタビューの際は、官僚である補佐官と秘書官が、目立たないように、それでいて大臣の目線に入る位置に同席していました。補佐するためといえば聞こえはいいですが、大臣とのやり取りの一語一句をきっちり監視しているようにも思えました。大臣が丁寧にインタビューに応じてくれたので、予定時間をだいぶ過ぎてしまいました。と、部屋を出たとたん、隣の部屋にいた別の官僚たちが、

「今のは長かったな」

とつぶやく声が聞こえました。

あれだけ官僚に囲まれていては、たいがいの大臣はやがて懐柔され、洗脳され、民意を離れて官僚の論理に取り込まれてしまうでしょう。

また、政治家にとって、たしかに選挙はたいへんでしょう。でも、選挙は数年に一度しかないし、マスコミ、とくに私のようなフリーライターは、別に公務員と仲良くしなくても、情報公開請求などを使って独自調査して報道をしています……。もしかして、公務員よりも働かないのは政治家では？　と疑ってしまいます。大物の政治家は政策よりも政局にかまけているように見えます。政治家が本来やることをやらないから、役人が議会を支

配する官僚内閣制になってしまうのです。

箱モノをつくってあげる

「役人が大臣を手なずけるときにも、箱モノを役所がつくってあげるという形で、地元に金をおとす」

と言うのは舛添要一厚生労働大臣です。氏は、著書『永田町vs.霞が関　最高権力を奪取する者は誰か』のなかでこう述べています。

「たとえば、野田聖子議員は一九九八年七月に郵政大臣に就任したが、翌年度に、彼女の選挙区である岐阜市の『ぱ・る・るプラザ岐阜』の建設予算が計上された。これはいってみれば、郵政省の代弁者となる見返りである。野田議員が要求しなくても、役人はそういった形で政治家を取り込もうとする。となると、本心はどうであろうと、野田聖子議員は郵政民営化には反対の立場をとらざるを得なくなる。

社会保険庁が次々とつくった無駄な保養施設も、健康増進のためという建前になっているが、そのほとんどが（歴代）大臣就任の折に、褒美として地元につくられたものだ。税金を国民に還元するとか、健康のためとか、もっともらしい理由をつけて、大臣の地元に予算をつけて、取り込むのが役人の手口なのだ」

ぱ・る・るプラザは、劇場と貸し会議室の入ったビルで、六〇億円をかけて〇一年に完成しました。けれども、岐阜市内には同様の箱モノが五つもあったため、多額の赤字を出し、〇六年に閉鎖されました。なんとか市が一〇億円で引き取って改装オープンしましたが、利用予約はほとんどなく、いつもがらがらです。

こういった箱モノは、大臣でなく、派閥の有力者の地元につくることもあります。

あきれた癒着

私が勤めていた厚労省の研究所でも、箱モノとまではいかなくても、歴代大臣の書いた本を大量購入してあげたり、野党議員のパーティ券を買ってあげたりして議員を籠絡しました。そのお金はもちろん税金です。額面一万五〇〇〇円とか二万円のパーティ券が、近所の新装オープンの居酒屋の割引券などと一緒に、総務部の棚に、

「ご自由にお取りください」

と添え書きして置いてありました。

こうすると、議員たちは、国会でこちらの書いたセリフをしゃべってくれます。私のい

た研究所は、労働問題の研究所でありながら、仕事をせずに公金を浪費してばかりいて総務省の行政監察局（現・行政評価局）からも注意を受け、行革のたびに廃止論がもちあがりました。けれども、議員たちに閣議や国会で「労働問題の研究所は必要」と言ってもらい、生き残ってきました。

国土交通省では、自民党の機関紙『自由民主』はもちろん、冬柴鐵三大臣が所属する公明党の「公明」まで大量に定期購読しています。これは、

「国政に関する情報を幅広く収集する必要があるため」（国土交通省情報公開室）

と言います。しかし、

「政治家とのつきあいでとっている。誰もほとんど読まないまま、リサイクルにまわる」

と証言する職員もいます。

あきれた政官の癒着です。

ただし、一方的に公務員が悪いわけではありません。

公務員が、せっかくいろいろなデータを分析して、最適な規模で最適な行政をしようとしても、政治家が自分の利益のために、強引に自分の地元に施設をつくらせたり、ムダに規模を大きくしたりすることもあります。条件を満たさないのに公金の交付や貸付を迫っ

たり、業者や人材を押し付けてくることもあります。

まじめな公務員は政治家があくどいと考えていますし、狡猾《こうかつ》な公務員は政治家は操《あやつ》りやすいとなめています。いずれにしろ、国民の利益はなおざりになります。

不正を罰する

改革派で知られる片山氏は、鳥取県知事時代、八百長議会を許さず、質問の事前すり合わせを廃止しました。〇七年現在、全国の都道府県のうち、三八議会は質問内容を事前通告していますが、神奈川や高知など九議会では事前通告なしの自由な議論が行なわれています。

自治体議会改革フォーラム呼びかけ人で法政大学の廣瀬克哉教授も、

「事前通告しないほうが細かい事業の議論に陥らず、政策の本質の議論ができるようになり議論も活発になる。すり合わせがなければ答えられない首長は、そこまでの首長でしかない」(北海道新聞〇七年一〇月六日)

と言います。

公務員が用意する情報だけに頼らない独自の調査ができ、議会で政策の本質を議論し、必要なら各方面の利害もうまく調整できるような議員が望まれます。しかし、そんな奇特な議員がいるのでしょうか。

少なくとも、有名だから、親しみやすいからという理由だけでタレント議員などに投票してはいけないことはわかります。数々の贈賄スキャンダルの過去がある利権の権化のような政治家もダメです。公約を破るような政治家は論外です。

選挙のときには、地味でも誠実で力のある政治家に投票していけば、少しずつでも日本の議会は変わるかもしれません。

とりあえずできることは、情報公開を進めて情報を役人に独占させず、政官の癒着にかかわる不正を厳しく罰することです。

三月——春うつ／年度末

公務員の寿命

死因の二位は自殺

三月は一年で一番自殺者が多い月です。

日本の自殺者は年間三万人です。バブル景気時代にぐっと減っていたのですが、九八年以降、悲しいことに盛り返しました。政府はこれを重く見て〇六年に自殺対策基本法をつくりました。自殺防止の取り組みと遺族の支援が始まります。

内閣府の統計によると、〇六年において一番自殺の多かった月は三月で、一日平均八九・七人が自殺しています。一年を通じてみると、春から夏に向けて減り、秋にまた増え、冬にいったん減って春に向けてまた増えます。

ところで、自殺はなぜ三月に多いのでしょうか。

国の自殺予防総合対策センターによれば、次のような理由が考えられるそうです。

「一つは、年度末という区切りの時期なので、決算などのとりまとめや、新年度の環境変化を控えての心理的負担、年度末までに身辺を整理し、残された者への迷惑を最小限にしようという配慮などが影響する可能性があります。もう一つは、『自殺は低い気温が急激に上昇するときに多い』という仮説があり、時間帯でいえば、午前五時〜六時、季節でいえば三月〜五月がこれに当たるそうです」

実は、公務員の死因の二位は自殺です。

〇七年、長崎市役所の部長（五九歳）が、取材に来た女性記者にホテルで性的関係を強要したとして訴えられ、山中で首吊り自殺をしました。市による調査が行なわれる前夜のことで、遺書はありませんでした。

もっと痛ましい例もあります。年金記録の不備で、今やずさんさとサボりぶりが国民に知れ渡っている社会保険庁でも、かつては過労自殺がありました。

社保庁で起きた自殺

Aさんは中央年金相談室相談業務課電話相談係の二三歳の若者でしたが、九七年の四月、マンションの一一階から飛び降りて亡くなりました。

年金電話相談というのは、退職後の社保庁ＯＢなどのアルバイトが受けています。職員はそのとりまとめ係です。しかし、ベテランの相談員たちは若いAさんに従うどころか勝手な指示を出す始末でした。助けてくれるはずの係長はあまり席にいませんでした。さらに、同じフロアの直属でない窓際管理職から新聞記事を毎日切り抜くよう命じられ、Aさんは毎朝七時台に早朝出勤をしてこなしました。しかし、この管理職自身はアルコール依存症での入院歴があり、朝から酒気帯びで出勤していました。やがて三月になると制度改正を控え苦情や照会が殺到しました。

Aさんは連日午前三時まで働くようになり、疲れもピークに達しました。そして、四月のある日、徹夜で働いて職場のソファで仮眠をとって起きた朝、上司の自宅に電話して、「仕事が気になって眠れない、自分にはやっていく自信がない、異動させてほしい」と訴えました。しかしその日もまた仕事をし、午前三時に終えました。Aさんは自宅に戻って程なく明け方に自殺しました。

この年金相談室は、社保庁の杉並にある社会保険業務センターというところにあります。ここは、庁舎内にテニスコートやバスケットボールのコートがあり、「まるでレジャーランド」と報じられた職場です。図々しくて無責任な管理職や天下りOBが、否といえない真面目な若者に仕事を押し付けてつぶしてしまったようなものです。遺された両親が労災申請をして、〇五年、社保庁に七二〇〇万円の損害賠償の支払いが命じられました。

隠蔽されたいじめ

川崎市の水道局ではさらにひどいいじめ自殺がありました。二〇代の男性Bさんが、課長、係長、主査からいじめを受け、その後異動になったものの、

「私は工業用水課でのいじめ、上司たちに対するうらみの気持ちが忘れられません」

というメモを残して自殺しました。

いじめには伏線がありました。実は、Bさんの父親に対して、川崎市が耕作地を貸してくれるよう申し入れ、断られたことがあります。上司らは、Bさんの歓迎会のときに、

「このために工事費が増えた」と文句を言いました。その後、上司らはBさんのことを「むくみ麻原」などと呼び、ヌード写真を見せてからかったり、職員旅行で果物ナイフを振り回して脅したりしました。同僚が労働組合に通報し、調査が始まったところ、上司たちは、

「工業用水課ははじっこだからわからない。被害妄想で済ませよう」

と口裏を合わせて隠蔽しました。さすがにBさんはその後異動になりましたが、統合失

調症になって精神科に通いながら自殺してしまいました。両親が川崎市を相手に損害賠償の支払いを求めて裁判を起こし、市に対して二三四六万円の支払いが命じられました。

長生きしたければ公務員

人事院の調べによれば、現役国家公務員の死因において自殺が第二位を占めています。一位はがん、三位以下は心臓病、不慮の事故、脳卒中となります。

ただ、これは一般国民も似たようなものです。日本人の一八歳から六〇歳までの死因の一位はがん、二位は自殺、三位は心臓病、四位は脳卒中、五位は不慮の事故です。

けれども、いずれの死因においても、一〇万人当たりの死亡率は一般国民よりも公務員のほうがずっと低いです。がんでは一般国民（一八歳から六〇歳まで）六八・六、公務員四二・七と三分の二です。自殺は一般国民が二七・八、公務員が一七・七です。

長生きしたければ公務員、ということでしょうか。

公務員の長生きの秘訣のひとつに、無理をしないということが挙げられると思います。心身の調子が悪いと気軽に休めるからです。休みが取りやすいうえに、長期休職もしやすいのです。

減らない休職者

福岡県庁では、〇六年度、職員四万二三一八名のうち、なんと六五七名が休職中でした。半分以上はうつ病などの心の病だそうです。休職中も給料の六割がもらえ、三年間休める上に更新もできます。国や他の自治体でも休職者は多く、人事院も問題視しています。しかも、診断書を出さない自称「心の病」だったり、休職中にアルバイトをしたりスポーツ大会に出場して上位入賞するケースが後を絶ちません。

民間ではこうはいきません。

厚生労働省の調査によれば、〇五年、メンタルヘルス上の理由で休業した労働者がいる企業は三・三パーセントにすぎませんでした。ただし、従業員一〇〇〇人以上の企業では一六パーセント、五〇〇人以上で六六パーセント、一〇〇〇人以上では八二パーセントと、大企業ほど率が高くなっています。大企業ほどストレスが溜《た》まるというより、大企業ほど制度が整って交代要員もあり、休業しやすいのだと思われます。

やはりまさかのときのことを考えると「寄らば大樹の陰」で、その最たるものはお役所でしょう。

役所の予算消化

一週間で四三〇〇万円のお買い物

二〇〇〇年の三月、同僚が四三〇〇万円を使い切った怒濤《どとう》の一週間を私は忘れることができません。

私たちは、厚生労働省の研究所で働いており、同僚は備品費の管理をしていました。年間で四五〇〇万円を使うノルマがあります。けれども、二月までに使ったのは二〇〇万円だけでした。

「このままでは来年の予算が減らされてしまう」

あせった同僚は、三月最終週にまき返しに出ました。まず、海外出張者用のスーツケース五個と一九〇万円の車を一台買いました。それから、なじみの業者を呼んで会議室に九〇〇万円の大型プロジェクターを入れてもらう話をつけ、富士通にLAN工事を頼んで三二〇〇万円を払いました。こうして、三一日までにノルマを果たすことができました。

旅費も余っていたので、理事長は、二月末からお気に入りの女性部下を連れて、世界一周旅行に出かけました。アメリカからヨーロッパに渡り、タイを回って帰ります。飛行機はファーストクラス、ホテルは五つ星ホテルです。

「海外の労働事情を知り、関係機関と意見交換をする」との名目でしたが、実際は、ほとんど、観光、グルメ、ショッピングでした。観光案内は、現地に駐在する外交官に頼みました。

以下が、随行者がアメリカの日本大使館に送ったスケジュール相談のファックスです。

① 一日目はスミソニアン博物館のフリアーギャラリー見物

② 二日目はアナポリス観光でどうかとのお問い合わせがありましたが、理事長はすでに行ったことがあり、『あまり面白いところでもない』と気乗りがしない感じでした。うちの職員からアーミッシュ村はどうだろうかとの提案がありました。土地勘がないのでよくわからないのですが、少し遠い気もします。いかがなものでしょうか。理事長は『面白そうだ』と関心を示しておりました。

③ 三日目は簡単なショッピング、観光客がよく行くようなところではなく、と理事長は

申しておりました。また、オペラはどうだろうとのお問い合わせには、『それはいいな』と関心を示しておりました。

この旅行でしめて一〇〇〇万円を使い切ることができました。

同様に、三月の一カ月で二〇人ほどの職員が同様の海外出張を楽しみました。

節約は許されない

なぜ、ここまで多額の予算を三月に使い切らねばならないのでしょうか。

発端は私が犯した「ミス」でした。私はこの前年まで経理課に配属されていました。研究所では労働問題の研究のために雇用保険料から年に六〇億円（当時）の予算をもらっていましたので、競争入札などを徹底して、二億円を節約して国に返しました。

「けっこう辛かったけど、がんばったわ」

と一人喜んでいましたが、誰もほめてくれません。それどころか、経理部の上司は監督官庁である厚生労働省からきつく叱られたそうです。

「せっかく予算をとってやったのに、使い切らないで返すとは何事か。これでは来年の予算が削られてしまうではないか」

お役所仕事の空しさ、バカバカしさを思い知った一瞬でした。

それで、翌年度、経理課長は、全職員にわざわざ経理通達を出しました。

「今年度についても事態は深刻であり、このままでは、再度、前年度並みの補助金の不用が発生する可能性があります。予算の不要（返納）をできる限り少なくするための、ご意見、ご要望等があればぜひ経理課までお寄せください」

つまり、予算の目的外使用をいとわず、予算消化に励むよう全職員に厳命したのです。

退職後、この話をテレビでしたところ、民主党の参議院議員で医師の櫻井充議員が〇五年、国会で取り上げてくれました。

「ここまで露骨だったとは思わなかった。私も国立病院に勤務しておりましたからよくわかりますが、（三月になると）『予算が余ったから、何か欲しい機械なかったっけ』と聞かれました。『研究費が余ったから、とにかく何か買ってください』と言われてあわてて本を買ったりしたこともあります。そういうお金を積み重ねていったらかなり莫大な額になるはずです。こういう税金の使い方をしているところを改めていかないと、国民負担の納得は得られない」

厚生労働省の職員が国会に呼ばれ、

「今後同様のご指摘をいただくことのないように、従来にも増して適正かつ計画的な執行が図られるように対処してまいりたいと考えております」

と謝るばかりでした。

谷垣禎一財務大臣（当時）も、

「年度末に不要不急なものをとにかく来年度予算のこともあるから使い切ろうなんていう発想は、私はもうやめていただきたいと思っています。各執行官庁において責任を持って履行していただくということが必要だと思います。（中略）（財務省としても）このあたりも着目しながら予算執行調査をやって、来年度の予算編成に生かしておくということを努めていきたいと思っております」

と約束してくれました。しかし、それから三年、谷垣氏はそんなことなど忘れたように、すっかり消費税の増税を主張するようになってしまいました。

ケタが違う三月の支出

三月の予算消化をしている役所はほかにもあります。

国際協力機構（ＪＩＣＡ）は、発展途上国への援助や人材育成を行なっています。国際貢献の名のもとに巨額の国費がもらえるので、内部では相当にお金が余っているそうです。元職員によれば、

「三月になると、業務上必要のない、予算消化のための国内外への出張が増える。海外出張も多く、上司に現地での買春の手配をさせられた。今も現役のある役員は、『現地の女性を征服しないとその国は理解できない』と豪語していた」

とのことです。

また、次のような話をして怒っています。

「年度末に出張に出ると、通訳代や車の借り上げ代など、二〇万円程度の現地経費を渡されるが、それを使い切れずに返すと、『なぜ使ってこないのか』と経理部から怒られた。経理には財務省の役人が出向して予算消化の音頭をとっており、予算消化の元凶は財務省だ」

別の役所の職員は、こう証言します。

「金が余ったのでカラ出張で裏金をつくり、接待や職員同士の飲み食いに使った、自分も二〇万円ほど預かったことがある」

三月の予算消化はデータにはっきり表れています。

財務省が公表した〇六年度の中央省庁の月ごとの支出の推移を見ると、どの省も、三月の支出が他の月とはケタ違いに多いのです。平均して、普段の月の三倍の支出があります。みなさんも、「三月は道路工事が多い」ことはご存じでしょう。

外務省ではワインのまとめ買い

では、お役所の具体的な支出の内容を見ていきましょう。これまでに取材をしてきたなかで印象に残ったものをご紹介します。

外務省では、年度末にワインやシャンパンをまとめ買いしています。パリの日本大使館では、〇〇年三月三〇日と三一日の二日間で、約八五〇万円分の酒を買いました。購入理由は「情報収集用」とのことです。

そして、三月二二日には「関係工作」という理由をつけてパーティを開き、一三九万円を使いました。いずれも実際は職員の飲み食いと見られています。なんとお気楽なことでしょう。北京とマニラの日本大使館でも、三月だけで三〇〇万円以上を酒代にあてていました。

東京の本省では、やはり年度末に「日本文化啓発のため」高級絵画をデパートなどから七〇〇〇～九〇〇〇万円分買っていました。これらの美術品の多くは海外の大使公邸や外交官の官舎に飾られるのですが、一部は外交官が私物化したり個人的に売り払ってしまい、外務省に残っていないことが明らかになっています。

わざわざ行く海外出張

国土交通省では、道路工事はもちろんのこと、出張も多いです。〇三年三月には、人事課の職員三名が、「アメリカに国費留学中の職員との面談」のため、ニューヨークからロサンゼルスまで全米横断九日間の旅をしました。わざわざ会いに行く理由は、「みなさん、日本から離れた遠いところで生活していると、本省との気持ちが切れてしまうので、面談してお話を聞きます……」（国土交通省情報公開室）

アメリカを旅したうちの一人は、帰国して三日後に、今度は総務省の役人の「行政監察随行」のため、沖縄・石垣島二泊三日の旅に出ました。

行き先だけ見るとうらやましい限りですが、職員は必ずしも喜んで行っているわけではないそうです。地方の出先機関に勤めるある技官は、こうこぼします。

「いかに公務員といえども年度末は忙しい。自分も三月、毎日夜中まで残業をしなければならない時期に、予算消化のために二泊三日の出張に行くハメになり、帰ってから仕事がたまって地獄を見た。予算消化のために必要性がうすい出張に何度も行かされるのはかなわない」

環境省では、年間予算の三分の二を三月に使い切るのですが、やはり出張が多いです。国立公園課のある職員は、三月一日から六日まで小笠原国立公園に「現地調査」、一三日から一五日は札幌に「業務システムの説明」、二七日に日帰りで阿蘇九重国立公園に「管理状況調査」に行きました。出張者を迎える現場事務所では、東京からくる出張者に対し、車の送り迎えや食事の手配、公園内の案内などをしてやらなければなりません。

とうとう、現場職員から、労働組合（全環境省労働組合）に対し、「年度末に旅費消化を目的とするような不要不急の出張が多く見られ、受け入れをする現地職員の負担は言葉ではいいつくせない」

と苦情が出ました。

カラ残業も申請

適正な予算執行のお目付け役である財務省でも事情は同じ。霞ヶ関の本省だけで、毎年三月に一二〇件から一四〇件もの海外出張があります。〇三年に、省内一のエリート部署である主計局の職員二人が行った、ベトナム、オーストラリア、韓国、中国四カ国一四日間の「予算執行状況調査」の報告書を見せてもらうと、

「在外公館の施設整備事業を調査したところ、事務スペースが過大な例があった。ゲストルーム、プール、テニスコートなど福利厚生施設の利用状況が総じて低調」

とありました。電話で聞けば済むことです。わざわざ行くほどのことはありません。

また、財務省では三月になると官舎の工事や書類の印刷製本やセミナー開催の契約を入札なしに随意契約でたくさん発注し、三一日付けで代金を払っています。

地方公務員からの証言もあります。

「時間外手当の予算が余り、やってもいない残業をつけるよう上司に言われた」

「いらないものをたくさん買い、無駄な工事を発注し、その上予算をとりまとめる総務課に対しては『これでは足りない』というアピールも欠かさない」

いま す。

三月のムダ使いをやめよう

三月の支出が他の月と比べて多いことについて、各省庁は一応、次のように言い訳しています。

「公共事業は、事業が完成し完了検査を受けるのが二月から三月となることから、支出が三月及び出納整理期に集中するため」(国土交通省)

「主に二月に成立した〇三年度補正予算を執行したことによるもの」(外務省)

「国債の償還日や利払い日が六月、九月、一二月、三月に集中し、国債費の支出額が多額になるため」(財務省)

家計ならば、月末にお金が余れば、翌月に繰り越すか借金返済か貯蓄に回します。しかし、国は、いらない予算を計上し、余るとムダに使い切るのです。財政が黒字ならまだしも、〇八年三月末の国債残高は、八〇〇兆円以上。国民一人当たり約六〇〇万円の借金を背負わされていることになります。もちろん、先進国中最悪の数字です。

役所が予算消化に躍起になるのは、「ポストは予算についてくる」といわれ、予算が増えるに伴い管理職ポストや外注先の天下りポストが増えるからです。逆に、予算が減ればポストも減ってしまいます。

中央省庁各省の二月の歳出の合計は三兆円、それが、三月になると一八兆円に跳ね上がります。三月の歳出を半分にするだけで、九兆円が節約できます。消費税収入は五パーセントで一三兆円なので、一パーセント当たり二兆円以上です。三月のムダな予算消化をやめるだけで、消費税四パーセント分の増税が免れるのです。

年度末の予算消化のお陰で、日本国の歴史も「年度末」になってしまわないことを願います。増税の前にまず行革を断行すべきと強く強く申し上げ、本稿の結びとさせていただきます。

おわりに

公務員は日本の最高権力です。私たちの生活のすべては公務員に決められています。

赤ちゃんが生まれるともらえる児童手当や年金の額は、公務員が算定します。文部科学省の公務員が「ゆとり教育」の名のもとに教科書をちょっと薄くしただけで、日本の子どもの学力順位が下がりました。日本人の知性レベルを決めるのも公務員のさじ加減ひとつなのです。

今、幹部公務員が危惧しているのは少子高齢化で、外国人労働者を解禁して、税収と経済規模の維持を図ろうとしています。日本がこれからも日本人を主とする国であり続けるのか、あるいはアジアから出稼ぎや移民を受け入れてアメリカのような多民族国家になるのか、国のあり方も、公務員のビザの出し方ひとつにかかっています。

「いや、政策を決めるのは議員で、公務員はそれを実行するだけだよ」という意見もあるかもしれません。正論です。しかし、実のところは、議員は選挙と政局にかまけ、政策は公務員がつくっています。また、選挙で交代する政治家に比べ、公務員は定年まで変わりません。その身分のゆるぎなさゆえ、政治家にセリフだけしゃべらせて手のひらで踊らせている面もあります。

また、警察、消防、国防などの治安を担うのも、外交を担うのも、交通や電気・ガスといったインフラを整え担うのも公務員です。

お金で考えると、日本の名目GDP（国内総生産）五〇〇兆円のうち、税金や社会保険料などで、二〇〇兆円がお役所、すなわち公務員に召し上げられています。みなさんも、給料から天引きされる税金や社会保険料、そのうえに払う消費税、ガソリン税、酒税などを合計すると、かなりの額をお役所に納めているはずです。

それだけに、公務員の一挙一動がわれわれの生活に与える影響も大きいのです。消えた年金や自治体の財政破たん、防衛省や警察の不祥事など、われわれが「お上」と信頼してきた公務員が引き起こす問題が年々深刻になっています。

本書は、そんな公務員の実態を知ってもらいたくて書きました。われわれの暮らしをかくも左右する最高権力者たちが、何を考え、役所でどのようなことが起こっているのかを知ってもらうことが、日本国の数々の問題を解決し将来を考える上の手がかりになると思ったからです。

ただし、公務員も内から改革に取り組んでいます。

政府は公務員制度改革に取り組み、公務員のあり方についていろいろな研究と提言をしています。また、明治大学には、社会人向けの公共政策大学院があります。回懇親会に参加したことがあるのですが、全国の県庁や市役所で働く公務員が、平日の夜や毎週土曜日の講義に集い議論を戦わせていました。関東近県はもちろんのこと、特急や飛行機に乗ってくる公務員もいます。授業料は年間一〇〇万円以上、みな、それを自腹で払っているそうです。公務員として窓口や本部で働く傍ら、休日も行政のあり方について知恵を絞る姿に、頭が下がります。

とはいえ、「遅れず休まず働かず」で給料がもらえる公務員も確かにいて、役所が赤字でもボーナスも退職金も減らないので、今のところ公務員は「職業」というより「身分」です。これを、誇りをもって働き効率を図り、応分の報酬を受ける仕事に戻すことを提案します。それによって行政への信頼、健全財政、増税回避に年金の安心、さらに国全体のモラルの回復が図れると思います。

読者のみなさまに伝わるよう一生懸命に本書を書きましたが、一生懸命編集をしてくださった幻冬舎の竹村優子さんにお礼を申し上げます。

二〇〇八年二月

若林亜紀

著者略歴

若林亜紀
わかばやしあき

フリージャーナリスト。

1965年神奈川県生まれ。

慶應義塾大学法学部政治学科卒業後、大手建設会社を経て厚生労働省の外郭団体、特殊法人日本労働研究機構（現・独立行政法人労働政策研究・研修機構）に転職。98年、国際公務員試験に合格。01年、課長代理のときに退職。

現在は、公務員問題を主たる取材フィールドとし、『AERA』『週刊新潮』『文藝春秋』などで執筆する。

著書に『ホージンノススメ　特殊法人職員の優雅で怠惰な生活日誌』（朝日新聞社）『独身手当　給与明細でわかるトンデモ「公務員」の実態』（東洋経済新報社）『サラダボウル化した日本　外国人〝依存〟社会の現場を歩く』（光文社）がある。

幻冬舎新書 079

公務員の異常な世界
給料・手当・官舎・休暇

二〇〇八年三月三十日 第一刷発行
二〇一〇年四月二十五日 第六刷発行

著者 若林亜紀
発行人 見城徹
編集人 志儀保博

発行所 株式会社 幻冬舎
〒一五一-〇〇五一 東京都渋谷区千駄ヶ谷四-九-七
電話 〇三-五四一一-六二一一(編集)
〇三-五四一一-六二二二(営業)
振替 〇〇一二〇-八-七六七六四三

ブックデザイン 鈴木成一デザイン室
印刷・製本所 株式会社 光邦

Printed in Japan ISBN978-4-344-98078-5 C0295
わ-2-1

幻冬舎ホームページアドレス http://www.gentosha.co.jp/
*この本に関するご意見・ご感想をメールでお寄せいただく場合は、comment@gentosha.co.jp まで。